皇帝也是人

范捷　著

清代卷

清代目錄

1616-1911

清建國於 1616 年，初稱後金，1636 年始改國號
為清，1644 年入關。

皇帝
也是人

清代卷

卷首語 中華文明的歷史悠長久遠，底蘊豐厚，歷經了數千年的風風雨雨，前後更替過大大小小數十個王朝。其間曾發生過無以計數的歷史事件，湧現出眾多各式各樣的歷史人物。審視這些事件和人物，歷朝的帝王無疑是其中的主角，他們在很大程度上引領着歷史發展的潮流，主宰着一定時期內的歷史進程。他們中有的創造出輝煌的基業，有的則平淡無奇，有的甚至昏庸暴虐，但他們畢竟演繹出了一段段特定的歷史，是不同朝代不可或缺的主人。

由於宮闕相隔，人們似乎總鮮見帝王們的真容，總是自覺不自覺地將其「神化」，把他們想像得多麼與眾不同。實際上他們也同普通人一樣，有着自己鮮活的性格，有着曲折的經歷以及屬於自己的喜好和情感。而這些個性化的內涵往往會不同程度地對歷史進程產生影響，成為歷史發展的一部分。本書系即着眼於此，展現歷朝帝王與普通人相同或相近的一面，讓他們從高高的皇位上走來，將其還原成一個個有血有肉、個性鮮明的普通人，以此來拉近與讀者間的距離，為解讀不同時期的歷史增加新的視點。

把帝王作為普通人，並非要進行杜撰、演繹甚至編造，而是站在歷史的高度，採取嚴謹的態度，在尊重史實的前提下融入人性的思辨，採用平視的角度、故事性的筆法和適當的篇幅，關鍵是

讓普通人喜歡讀。以往有關帝王的著述，大多集中於一些受關注的人物，以致造成了不同帝王間的資訊不對稱，多的過多，動輒洋洋數十甚至數百萬言；而少的又過少，造成彼此銜接上的支離破碎。本書意在簡明、兼收並蓄、節奏流暢上作些探索，並非要進行學術考證和研究，而是為了普及，給大眾讀者以閱讀的興趣。

本卷為清代卷，原在北京紫禁城出版社出版，介紹清先後入主紫禁城的十位帝王，而努爾哈赤、皇太極雖未入居過宮城，但對王朝建立、對清代後世的帝王產生了非同尋常的影響，故將二人破格列入，共十二位。此次香港三聯書店推出中文繁體字版，故將原有內文中的表達方式及相關內容作了適當調整，以適應港澳台地區及海外華人的閱讀習慣。

清太祖 天命 驍勇善戰的努爾哈赤 1616-1626

「皇帝輪流坐，今日到我家」，愛新覺羅家族從明朝皇帝、或者準確說是從「大順帝」李自成手中接管了紫禁城，成為了這座皇宮的新一代主人。入主紫禁城的首位清朝皇帝是順治，但清代經歷了從地方性政權到全國性政權的轉化，入主紫禁城前政權已在東北存活了近三十年，經歷了努爾哈赤和皇太極兩任帝王。

這兩任帝王雖沒趕上進紫禁城聽朝秉政，但卻對清能夠入主這座皇宮起到了至關重要的作用。所以，與講明代帝王將朱元璋列入一樣，清代也將努爾哈赤、皇太極破格列入，儘管他們並非紫禁城的「主人」。

人說「萬事開頭難」，開創王朝更是如此，況且努爾哈赤是一位少數民族，這在以漢族佔主體的國度就更增加了難度。努爾哈赤雖為少數民族，可出身於女真世族，這與明代朱元璋的「草根」經歷很不相同，雖說明、清兩朝都居於紫禁城內，但明皇身上總有一股「平民」之風，甚至有「混混」習性；而清帝總有一種「貴族」氣質，有很強的「文化」意識。

清太祖努爾哈赤像

少年立志
十三甲起

講努爾哈赤得先說一下他的民族。我們通常講努爾哈赤是滿族，其實滿族是在他之後才出現的民族概念，其前身為長期繁衍生息於中國東北大地的女真族。相傳在很久以前，長白山東北的布庫里山下有個布林瑚里池，一天，有三個姐妹從天而降到此沐浴，一隻喜鵲從此飛過，口銜的一顆紅果落到妹妹佛古倫的衣服上。佛古倫見到很是喜愛，玩耍之餘將其含到嘴裡，不慎吞入腹中，結果頓感有了身孕。她無法再度升空，只好與姐姐們揮淚告別，獨自居住在長白山上。之後生下一個男孩兒，即女真的始祖愛新覺羅·布庫里雍順。從此，女真族便在東北一帶發展、壯大，先後稱肅慎、挹婁、勿吉、靺鞨等，到五代時始稱女真。西元十二世紀，女真完顏部首領阿骨打建立金朝，滅遼，又攻取北宋半壁江山，立主中原，百餘年後被蒙古與南宋聯軍所滅，重又回到東北故土。到努爾哈赤統一女真各部落，建立「後金」汗國；皇太極繼位後改國號「清」，廢女真舊稱，改族名為「滿洲」；辛亥革命後改稱滿族。當說清的崛起並非偶然現象，女真自古就是一個很強勢的民族，它先後兩次稱霸中原，這在漢族以外的少數民族中是絕無僅有的。

努爾哈赤的祖先世代居住於松花江下游的依蘭地區，六世祖猛哥帖木兒是元朝斡朵里萬戶府的萬戶，明永樂三年（1405 年），應明成祖所召京朝貢，授封建州衛指揮使。因為還有一人任此職，明又增設建州左衛，讓猛哥帖木兒任左衛指揮使，晉升為右都督。宣德八年（1433 年），他受命協助明東都指揮僉事裴俊招撫楊木答兀的叛軍，結果被叛軍糾合東海（野人）女真殺害，其子董山被擄走，明廷又任命其弟凡察為左衛指揮使。不久董山被贖回，叔侄倆奏請朝廷批准率部遷移至蘇子河畔的煙筒山下（今遼寧新賓縣），即後來赫圖阿拉城的所在地。兩人為權力發生爭執，明為緩和矛盾，將建州左衛又一分為二，增設建州右衛，由叔侄倆分別擔任指揮使。這樣，加上原來的建州衛，出現了所謂「建州三衛」。

董山是個橫行無忌的人，經常率部到附近漢人及朝鮮人居住地掠奪人口

和牲畜，一年達數十次之多，掠殺邊民十多萬，明廷很反感。成化三年（1467年），明出動大軍征討將其處死。但明廷採取寬柔的政策，讓董山的後代繼續擔任建州的官員。董山的第三子錫寶齊篇古生子福滿，福滿的第四子覺昌安即是努爾哈赤的祖父。

覺昌安頗有才幹和智謀。當時建州女真有兩個部族頭領仗勢欺人，包括對他的家族，他率領部族滅了這倆頭領，征服了方圓二百里以內的各部族，一時名聲大振，成為這一帶的女真領袖。覺昌安的第四子叫塔克世，即努爾哈赤的父親。

努爾哈赤的父親塔克世娶有三個老婆，其中喜塔喇·額穆齊是部落頭領王杲的女兒。她與塔克世生有三個兒子，老大即努爾哈赤，老二、老三分別叫舒爾哈齊和雅爾哈齊。努爾哈赤作為老大很受父母的寵愛，但在他十歲那年，母親去世，他在家庭中的地位一落千丈。後母對他們三兄弟很不好，父親受後母影響，對他們也變得態度冷淡。家庭的變故使努爾哈赤變得堅強、自立，他經常翻山越嶺去挖人參、採蘑菇，拿到集市上去賣，以維持生計。

當時在撫順、寬甸、開原、清原等地有一些集市，逢集開市有大批漢人、蒙古人和女真人到此交易，熙熙攘攘，非常熱鬧。努爾哈赤常去撫順馬市，在交易之餘，學到了不少東西，開拓了眼界，明白了許多事理。他慢慢學會了漢文，特別喜歡《三國演義》和《水滸傳》，欽佩書中的英雄人物，渴望像英雄一樣有所作為。

在努爾哈赤十五歲那年，因家庭的冷漠，他帶着十歲的弟弟舒爾哈齊投奔到外祖父王杲的門下。王杲是個漢化較深的女真人，憑藉長期的經營，在建州一帶小有勢力。他自恃兵強馬壯，把明朝邊官不太放在眼裡，經常進入到明地搶掠。萬曆二年（1574年），王杲以明廷斷絕貢市為由進攻遼瀋，明朝總兵李成渠率兵反擊，攻破了王杲的老窩，殺死了王杲，俘獲了在其家中的努爾哈赤兄弟。努爾哈赤跪在李成渠的馬前請求免於一死，並稱願意為其效力。李見這小伙子挺精明，便饒了他，收留到帳下做書童。

努爾哈赤跟隨李成渠衝鋒陷陣，屢立戰功。他粗通漢、蒙、女真等文字，常提出些好的見解，深受李成渠器重。李讓努爾哈赤做自己的隨從和侍衛，兩人形影不離，關係密切。李經常帶努爾哈赤到省城及京都，拜見官員，努爾哈赤見到繁華的街市、威嚴的官府和輝煌的宮殿，進一步打開了眼界。

努爾哈赤在李成渠的帳下呆了三年，以父親讓他回家成親為由離開，回到了闊別的家鄉。尊父命，他與佟佳氏結了婚。按照女真的習俗，結婚後要離開父母單過，後母唆使父親只分給他很少的一點兒家產。對此，努爾哈赤並不計較，經過闖蕩的他知道通過自己的努力可以得到想要的東西，也深知自己具備這樣的能力。

王杲被殺，其兒子阿台發誓要為老父報仇，多次騷擾明邊界。李成梁再次率軍征討，戰亂中努爾哈赤的爺爺覺昌安、父親塔克世遇難，其死因有的說是引導明軍被誤殺，有的則說是增援阿台時被明軍所害。努爾哈赤聞訊後悲痛欲絕，憤然找到明廷的遼東都司質問。明邊吏並不想把事情搞大，找到其祖、父的遺體交努爾哈赤安葬，並賠敕書三十道、馬三十匹，讓努爾哈赤襲任祖父建州左衛指揮使的職位。

建州有座圖倫城，城主叫尼堪外蘭，其實力不強，但野心很大，為人狡詐。為了稱雄當地，他極力討好明邊吏，挑撥明與阿台及努爾哈赤家族的關係。努爾哈赤認為祖、父的遇害就是這傢伙所為，要求遼東都司將此人交他處置。明邊吏認為他的要求太過分，對他進行嘲諷，還反過來要扶植尼堪外蘭做建州女真的首領。尼氏受到明的支持後變得有些不可一世，許多女真部族歸附於他，他還囂張地勸降努爾哈赤。

努爾哈赤怒不可遏，自尊心受到嚴重傷害，對尼堪外蘭恨之入骨，同時對明廷也失去了信任，產生出強烈的敵意。他咽不下這口氣，發誓一定要為祖、父報仇，並要靠自己的力量打拼出一片天地。他毅然決定舉兵攻打尼堪外蘭，可他勢單力薄，族內很多人對他產生懷疑，他頂住壓力，整點出祖、父遺留下來的十三副鎧甲，率部眾三十餘人，即「十三副鎧甲起兵」，向圖倫城進發。尼堪外蘭看上去很囂張，實際上膽小如鼠，

聽說努爾哈赤向他而來，嚇得竟顧不得部眾，帶上老婆孩子慌忙逃竄到渾河部的嘉班。圖倫城不攻自破，努爾哈赤凱旋而歸。

初戰告捷使努爾哈赤信心大增。不久，他又出兵追至嘉班，嚇得尼堪外蘭逃往撫順城南的河口台，遭到守台明軍的阻攔，又轉向鄂爾渾城。萬曆十四年（1586年），努爾哈赤再次發兵討伐，尼堪外蘭再逃，想入撫順關得明朝的保護，但邊吏並未收留他，努爾哈赤派人趕到撫順關下，將尼氏砍死。努爾哈赤除掉仇敵，為祖、父雪恥，出了一口惡氣。

自「十三甲」起兵，努爾哈赤在追殺尼堪外蘭的同時，還相繼打敗了界凡、薩爾滸、董佳、巴爾達四城聯軍和漠河、章佳、巴爾達、薩爾滸、界凡五城聯軍，攻破了安圖瓜爾佳、克貝歡和托漠河城，平定了哲陳部，攻取了完顏部，蘇完部和董鄂部主動歸附。至萬曆十六年（1588年），努爾哈赤基本上統一了建州女真各部。

統一女真
建立汗國

統一建州女真後，努爾哈赤的下一個目標是征服所有的女真部族。女真分佈很廣，主要有三大部，分別是建州女真、海西女真和東海（野人）女真。海西女真主要居住在開原以東和松花江中游一帶，有葉赫、哈達、輝發和烏拉部，其中葉赫和哈達部勢力較強。努爾哈赤統一了建州女真，使他們深感不安，於是便先後採取聯姻和威壓的辦法，欲遏制努爾哈赤。

見「美人計」不行，於是兩部又聯合輝發部派使者找上門去對努爾哈赤進行「羞辱」，想在氣勢上「壓」倒他。說同為女真，建州佔的土地多，他們擁有的地盤小，應當分一部分給他們；說他們要打建州輕而易舉，但建州卻不敢進入他們的地界一步。當然，這種語言上的挑釁對膽色過人、意志堅定的努爾哈赤是根本無濟於事的，更何況努爾哈赤是個膽氣

過人、意志堅定的人。努爾哈赤義正辭嚴地回擊了來使的無理要求和尋釁，讓其灰溜溜地走了，同時做好了迎擊來犯之敵的準備。

接下來就是對陣疆場了。萬曆二十一年（1593 年）六月，葉赫糾集海西其他三部對建州進行試探性進攻，未果。同年九月，葉赫再次糾集海西三部及長白山朱舍里、納殷二部和蒙古的科爾沁、錫伯、卦爾察三部，共九部三萬兵馬，分三路向建州進攻。努爾哈赤進行了認真的部署，設伏、佈障、排兵，一切完畢便回到家中安然入睡。老婆見此情景有些沉不住氣，把他搖醒，說：「大敵當前，你還真睡得着，是糊塗了，還是害怕了？」努爾哈赤一邊揉着惺忪的睡眼一邊說：「人要心裡害怕都睡不着，我又何嘗不是如此。如果我有對不住葉赫的地方，肯定心虛害怕。可我從來都是順從天意、安守疆土，是葉赫他們不容我，無緣無故地糾合九部兵馬來攻打我，他們是不會有好結果的。」說完，倒頭又睡。

第二天凌晨，努爾哈赤帶領諸將祭拜天神，率軍出征。這時有人來報，說來犯的九部聯軍氣勢洶洶，使得眾將士都面露懼色。努爾哈赤對部將說：「九部聯軍雖號稱三萬，實際上都是些烏合之眾；我們雖然人少，但心齊志堅，又踞險扼守，必能以一當十。只要先擊殺他們的頭目，其部屬必會不戰自潰。」聽了此番動員，將士們信心大增，努爾哈赤令兵士們去掉護甲，輕裝上陣。

九部聯軍來到赫濟格城下，努爾哈赤並未踞城死守，而是率軍上了附近的吉勒山。吉勒山險峻高聳，易守難攻，努爾哈赤將軍隊置於山間。聯軍見努軍在山上，便轉而來攻，努爾哈赤身先士卒，利用有利的地勢一路砍殺，連斬聯軍九名士卒。見此情景，葉赫部貝勒布寨拍馬衝了上來，不料戰馬被木樁絆倒跌落在地，被努軍士兵一刀殺了。聯軍兵士見頭領喪命，頓時亂了方寸，無心戀戰，落荒而逃。努爾哈赤率軍乘勝追擊，直殺至哈達部境內。此役俘獲了烏拉首領布占泰及大批士兵，殺敵四千多人，繳獲了三千多匹馬，近千副盔甲。

這一仗打得真漂亮。壯了建州部的聲威，滅了葉赫等部的士氣，對努爾哈赤統一女真起到了重要作用。戰鬥中努爾哈赤顯示出了卓越的軍事才

能，展現出不畏強敵、敢打必勝的勇氣和精神。從此，海西女真逐漸衰落，努爾哈赤採取恩威並施、各個擊破的策略，逐個將其征服。同時，對東海（野人）女真也採取征伐和招撫並用的辦法，從萬曆二十六年（1598年）起，先後從其瓦爾喀部、窩集部和虎爾哈部向建州遷入五萬多人，到萬曆末年，將東海女真大部收復。至此，努爾哈赤共用了三十多年的時間，征服了建州女真、海西女真以及東海（野人）女真的大部，結束了女真長期以來的各自為政，形成了大一統的局面。史載：「自東海至遼邊，北自蒙古嫩江，南至朝鮮鴨綠江，同一言語者俱征服，是年諸部始合為一。」

萬曆四十四年（1616年）正月初一，努爾哈赤在赫圖阿拉城稱汗。儀式隆重而熱烈，努爾哈赤的兒子、八旗首領及文武百官按序排列於汗位的兩旁，威武雄壯，整齊劃一。努爾哈赤登上汗座，大臣們手捧勸進表章跪拜於地，侍衛巴克什額德尼接過表章大聲朗讀，尊努爾哈赤為「奉天覆育列國英明汗」。努爾哈赤起身焚香禱告，率眾臣行三叩九拜禮，隨後接受眾大臣的朝賀。禮畢，宣佈創立「大金國」，年號天命，歷史上稱其為「後金」。

在此之前，努爾哈赤完成了兩項創舉，一是建立八旗制度，二是創立女真文字，即後來的滿文，對建立汗國具有重要意義。八旗制度的雛形是女真原始的狩獵組織，當時每逢出獵氏族成員每人出一支箭，十人為一單位，稱「牛錄」，即箭的意思；十人中立一總領，稱「顏真」，即「主」的意思。隨着女真社會的不斷發展，「牛錄」組織不斷擴大。努爾哈赤為了適應征戰和生產的需要，將每牛錄擴充為三百人，分別以黃白紅藍四色為標誌，在牛錄之上設甲喇和固山，五牛錄為一甲喇，五甲喇為一固山。原四大牛錄擴展為四大固山，仍以四色旗為標誌，同時增編鑲黃、鑲紅、鑲藍、鑲白四旗，合稱八旗。兵民一體、軍政合一，平時耕墾狩獵，戰時披甲出征。八旗旗主均由努爾哈赤的子孫擔任，集軍事統帥和政治首領於一身，努爾哈赤則是最高的族長和統帥。八旗軍組織嚴密，戰鬥力很強，是努爾哈赤征服眾部、建立政權的決定性力量。

努爾哈赤興起後，建州與明廷和朝鮮經常有公文往來，但女真沒有文字，只能由漢人用漢文書寫。而女真向部族發佈政令，則要由漢人起草，再譯成蒙文，女真人講女真語，但書寫卻用蒙文，努爾哈赤下決心要創製自己的文字。他命額爾德尼和噶蓋負擔此項任務，努爾哈赤讓他們參照蒙文字母，結合女真語言拼讀成句，再創造成女真文。

努爾哈赤漸漸崛起，他在軍事上則採取由近及遠，先弱後強，逐步擴大的策略，積極爭取與蒙古聯盟，盡力避免過早地與明廷發生衝突，直到萬曆四十六年（1618 年），在努爾哈赤出兵伐明前都沒有受到明軍的征剿。

起兵伐明
兵敗寧遠

以努爾哈赤的胸懷和氣魄，是絕不會僅滿足於在東北大地上稱雄的。他多次進入內地，上過京城，那裡廣袤的土地、豐富的物資、高度的文明以及威儀的皇權對他充滿着誘惑。而明廷已深陷腐敗，這又給他進一步擴展疆土、與明政權公開「叫陣」提供了條件。

經過一番醞釀，努爾哈赤開始準備揮師伐明。但攻伐總得有個理由，更何況面對的是坐鎮京城的朝廷。明萬曆四十六年（1618 年）四月十三日，努爾哈赤發表檄文，聲討明廷，名為「七大恨」：我的祖、父未嘗損害明的一草一木，明卻無端起釁將其殺害，恨一也；明雖挑動事端，可我仍然與其修好，劃界立碑，共立誓言，互不侵擾，但明卻踐踏盟約，越我邊界，出兵助葉赫，恨二也；清河兩岸的明人年年入我境內劫掠，我遵照盟約捕殺越界漢人，明卻誣我擅殺，扣押我使臣綱古里、方吉納等十一人，硬要我殺十人換取，恨三也；葉赫之女本來已許配給我，但因得到明的支持，又將此女改嫁給蒙古，恨四也；柴河、三岔、撫安三路，世代為我部統屬，明卻不讓三路民眾種田收割，發兵驅逐，恨五也；我奉天意征討葉赫，明卻偏信其言，遣使對我進行謾罵詆毀，恨六也；明

逼我把俘獲的哈達人放回，結果被葉赫人截獲，又反過來進攻我，恨七也；因「七大恨」之故，是以征之。

明萬曆四十六年四月十五日，努爾哈赤「乘隙突入」，連克撫順、東州、馬根單等五百餘城，掠人畜三十萬，編降民一千戶。擊敗遼東總兵官張承胤、副將頗廷相的一萬援兵，繳獲九千馬匹、七千副鎧甲。明將李永芳歸降，努爾哈赤擢為副將，嫁孫女給其為妻，尊為「撫順額駙」，賞賜降民及大量牲畜、房田，依照明制設官，令李永芳統管。

撫順失陷，總兵戰歿，令明「朝野震驚」。明廷以楊鎬為遼東經略，李成梁之子李如柏為遼東總兵官，調兵十萬、餉三百萬，準備大舉征剿建州。萬曆四十七年（1619年）二月，明分兵四路，共八萬八千餘人，加上朝鮮兵一萬三千餘及葉赫兵二千，號稱四十七萬，攜帶槍炮數萬，約定在二道關會合，集中進攻後金都城赫圖阿拉。

努爾哈赤得此情報，提出「任你幾路來，我只一路去」。只留少數兵士防禦南路、東路，勁旅則集中迎戰明西路主將杜松。努爾哈赤知悉杜松「勇健絕倫」，便設下埋伏，當杜松領軍兩萬日馳百餘里趕至渾河，努爾哈赤在山林深處埋下精兵，堵住渾河上游，待杜松見水淺率軍渡河，決堤放水，「水深沒肩」，明兵「沒於河者幾千人」。其餘部卒奮力上岸，伏兵突起，努爾哈赤率代善、阿敏、莽古爾泰、皇太極等兩倍於杜松的兵力斬殺明軍，於薩爾滸全殲西路明軍。第二日，努爾哈赤又統軍擊敗北路軍，總兵馬林倉皇逃遁。努爾哈赤坐鎮赫圖阿拉，命代善率諸貝勒大臣領兵迎擊明勇將劉綎的東路軍，後金軍「設伏於山谷」，遣一明軍降官持所得杜松的令箭引其速進，劉綎中計陷入埋伏，被殺，全軍覆滅，朝鮮從征元帥姜弘立率眾降金。李如柏得知兵敗，奉楊鎬命令撤退。

「薩爾滸之役」擊敗了明軍的四路進攻，殺了杜松等四名總兵，以及道臣、副總兵、參將、遊擊、都司等各級官員三百餘人，殲敵四萬五千多人，繳獲馬、騾、駝兩萬八千餘匹，各種槍炮兩萬餘件。從此，明金之間的關係發生了重大變化，後金獲得了戰略上的主動權，而明則陷入了被動的窘境。

努爾哈赤一向重視與蒙古各部的和好,很早就與蒙古科爾沁部、喀爾喀部往來,曾將三弟舒爾哈齊之女過繼到自己名下嫁給了喀爾喀部之巴約特部恩格德爾台吉,聘科爾沁兀魯特部明安貝勒的女兒為妃,又娶了科爾沁部孔果爾貝勒的丫頭,兒子褚英、莽古爾泰、皇太極、德格類都分別與蒙古姑娘結為夫妻。

而建州強盛後,明也實行「以西虜(蒙古)制東夷(建州)」的策略,每年花上百萬兩銀子賜予蒙古,讓其出兵助明作戰。重賞之下,喀爾喀五部的齋賽以及紮魯特部色本、巴克貝勒等人出兵征伐建州,增援鐵嶺,就連努爾哈赤的內弟桑噶爾寨(明安貝勒之子)也領兵隨同齋賽來援明朝,征剿姐夫。

天命四年(萬曆四十七年,1619年)六月,努爾哈赤偷襲開原,馬林等守官被殺;七月攻陷鐵嶺,生擒了來援的齋賽父子及色本等二十多名貝勒、台吉。努爾哈赤抓住這幾個人並沒殺掉,而是連同其部下一百四十人釋放回鄉,為的是爭取其脫離明廷,與後金建立友好盟約關係。結果此舉見效,努爾哈赤派使臣到喀爾喀,與五部貝勒殺牛宰羊,對天盟誓,「共議討伐原來之仇敵明國」,若欲議和,必「共同議和」,違者「損壽短命」。

朝鮮國一向奉行親明的政策,蔑視建州,遵明廷之命,派都元帥姜弘立領兵一萬三千餘隨明總兵劉綖進攻赫圖阿拉。努爾哈赤薩爾滸之戰迫使姜弘立投降,但免其死,致書朝鮮國王,自稱「後金國汗」,指責明朝欺侮建州和朝鮮,勸說朝鮮背離明朝。

經過一番準備,努爾哈赤利用明遼東經略熊廷弼被罷、新經略袁應泰不諳兵法的有利時機,決定進攻瀋陽、遼陽,發動了明金之間的第二次大戰。天命六年(天啟元年,1621年)三月十日,努爾哈赤率軍出發,十二日晨到達瀋陽,在城東七里河北岸駐屯。瀋陽「城頗堅,城外浚壕,伐木為柵,埋伏火炮」,奉集堡、虎皮驛修築堅固,與瀋陽成為犄角。城內賀世賢、尤世功兩總兵官各領兵萬餘,總兵官陳策、董仲揆引川浙兵一萬餘正自遼陽來援,守奉集堡總兵李秉誠、守武靖營總兵朱萬良、

姜弼亦領兵三萬來援。努爾哈赤見此知道採取硬攻是不行的，但拖延時間，其援兵一到，腹背受敵，情況則更加險惡。經過考慮，他決定誘敵出城，發揮自己善於野戰的特長，設下埋伏，乘機殲敵。於是，努爾哈赤先派數十名騎兵「隔壕偵探」，被總兵尤世功家丁追擊，死四人。這時，貪功輕敵、勇猛寡謀的總兵賀世賢以為努爾哈赤不過如此，改變了原來要「固守」的策略，「決意出戰」。第二日，努爾哈赤又遣少數老弱士卒挑戰，老賀喝醉了酒，懵懵懂懂地率家丁千餘出城，誇下海口，要「盡敵而反」；金兵「詐敗」，老賀不知是計，「乘銳輕進」，結果進了包圍圈，後金兵「精騎四合」，老賀被殺得丟盔卸甲，「身中四矢」，退至城邊，吊橋繩索被努爾哈赤事前派去做內應的蒙古及女真兵拉緊，不能入城，被趕來的八旗兵殺死；此時內應將吊橋放下，後金軍衝入城內，佔領了瀋陽。陳策等率川浙兵來援，努爾哈赤乘其立足未穩，發動猛攻，先消滅橋北川兵，又擊敗了朱萬良、姜弼來援的三萬明軍，緊接着再殲橋南浙兵。一日之內，努爾哈赤率後金軍五六萬，鏖戰四陣，將七萬餘明軍各個擊破。

瀋陽一失，遼陽危如累卵。明經略袁應泰、巡按張銓急調援軍，撤虎皮驛、奉集堡兵回遼陽，五天之內湊集了十三萬大軍。努爾哈赤率軍進至遼陽城邊安營紮寨。遼陽「城高厚壯，屹然雄峙」，城外挖濠三道，每道寬三丈、深二丈，裡面灌滿了水，城中有上萬門大炮，其中最重的達三千餘斤。努爾哈赤見此仍決定智取，他又派遣「內應」混入城內，待機策應；先差少數兵馬橫渡太子河，誘騙明軍。袁應泰本來與諸將議定「畏敵多，主守」，但見後金「其騎可數」，遂「見賊少而主戰」，親督侯世祿、李秉誠、梁仲善、姜弼、朱萬良五總兵出城五里紮營。明軍忽守忽戰，軍心不定，努爾哈赤乘機指揮軍隊「奮力衝殺」，「明兵大潰而死」。第二天，努爾哈赤親督士卒再戰，明兵又敗，努爾哈赤領軍乘勝進擊，在派入城中「內應」的配合下，攻下遼陽，袁應泰自盡，張銓被俘，不屈而死。隨後努爾哈赤將都城遷至遼陽。

天命七年（1622年）正月，努爾哈赤又西征明遼東重鎮廣寧。經過鏖戰，斬殺遼東總兵劉渠、援遼總兵祁秉忠，遼東巡撫王化貞棄城而逃，游擊

二一

孫得功等率士民叩降，隨後，又有平陽、西興、錦州、大淩河、右屯衛等四十餘城官兵歸降。至此，遼東盡在努爾哈赤的掌控之下。

努爾哈赤攻下遼陽後即提出了「各守舊業」的政策，說：對經過「死戰而得獲之遼東城民，尚皆不殺而養之，各守舊業」；遼民應儘快歸順，則「各守其宅，各耕其田」。按照這一政策，遼東各族士民可以保有各自的祖業，從事原來的行當，這意味着努爾哈赤承認了此地區所實行的封建制。緊接着努爾哈赤又宣佈實行「計丁授田」，命取無主田地分給八旗兵丁和漢民，「均行給予」，「乞丐、僧人皆分與田，勤加耕種」。這就使其所佔領的遼東地區很快安定下來，緩和了女真與漢族之間的矛盾。廣寧失陷，明廷深感到形勢嚴峻，又一次徵調軍隊固守山海關，派積極主張抗金的大學士孫承宗、兵部主事袁崇煥到關外主持軍務。這兩人到任後整飭邊務，加固城防，操練兵士，孫承宗採納袁崇煥的建議，修築了堅固的寧遠城，修繕了錦州、松山、杏山、右屯及大小淩河等城池，構成了一條以寧遠和錦州為中心的防禦體系，使遼西的局勢重新穩定下來。

此時努爾哈赤正忙於遷都，他為了進一步揮師南進伐明，不顧諸貝勒、大臣們的反對，毅然決定將都城從剛修建不久的遼陽遷至戰略要地瀋陽。面對孫承宗的嚴陣以待，努爾哈赤並未敢冒然進攻。但不久明廷內部黨爭再起，秉性忠直的孫承宗遭魏忠賢閹黨的排擠，繼任者是精於投機鑽營、根本不懂戰法的高第。他對後金怕得要死，認為關外必不可守，不顧袁崇煥等人的反對，盡撤錦州等地防務，將兵力調入山海關，使得孫承宗苦心經營的「寧錦防線」毀於一旦。但袁崇煥堅執不撤，說：「我在寧遠做官，就要在這裡死守，決不撤退！」

努爾哈赤暗中竊喜，決定抓此機會立即出兵。天命十一年（天啟六年，1626 年），親率十三萬大軍，浩浩蕩蕩向遼西殺來。當時袁崇煥的兵馬不足三萬，而面對的卻是努爾哈赤的十三萬大軍。袁崇煥將城外的所有部隊全部調入城內，把武器集中使用，又將城外百姓動員進城，把房子、糧食統統燒毀，使後金軍在城外一無所獲。

努爾哈赤算碰上硬骨頭了，袁崇煥率領兵民拼死反抗，「槍炮藥罐雷石齊下」，十數門大炮不斷燃放，又將被褥裹上火藥，捲成一捆捆投擲城下，發出點燃的火箭，「火星所及，無不糜爛」，擊斃燒傷大量金兵。努爾哈赤連攻兩天未能克城，傷亡慘重，寧遠城仍巍然屹立。他很惱火，但又無計可施，加之大軍出擊，造成了後方空虛，毛文龍的東江軍襲擾瀋陽，於是，他只得帶着殘存的兵力撤回了瀋陽。寧遠之戰以明軍的勝利而結束。

寧遠一役使得努爾哈赤身心受到沉重打擊。他戎馬倥傯一生，征戰千里，興兵無數，幾乎是戰無不勝，捷報頻傳。寧遠的失敗使他難於接受，敗歸瀋陽後他又曾率軍征討蒙古喀爾喀巴林部，取得了勝利，但寧遠失利的陰影始終籠罩着他，事過不久這位傑出的女真統帥、後金開國元首溘然長逝，享年六十八歲。

關於努爾哈赤的死因後人說法不一，有的說是被袁崇煥的炮火擊中，不久因傷口惡化而死；有的則說是因身患惡毒疽不治身亡。對此，清官方史籍只稱其病亡，但對死因諱莫如深。袁崇煥固守寧遠，在城上架設了十餘門威力很大的紅衣大炮，努爾哈赤對此毫無思想準備，受傷的可能性是極大的。而他患有毒疽也是事實，但這種皮膚病，似乎並不足以致命。據說他在寧遠中炮受傷，心情鬱悶，導致傷口惡化，他因毒疽常去泡溫泉，結果不久死亡，估計是死於併發症。清史不願說其是死於炮傷，很可能是出於顏面，一世威儀的開國君主怎能死於敵人的槍炮之下呢？努爾哈赤死諡承天廣運聖德神功肇紀立極仁孝睿武端毅欽安弘文定業高皇帝，廟號太祖，葬於瀋陽東郊的福陵，後人稱之為瀋陽東陵。

剛勁務實的皇太極

清太宗
天聰　崇德

1626-1643

清代開山始祖是努爾哈赤，建「後金」汗國，開創了王朝近三百年的歷史。但清真正定國號為「清」，將女真改族名為「滿洲」的，是清的第二位皇帝皇太極。他執政前後分為兩個階段，一是繼承汗位，改元天聰；二是在盛京稱帝，定國號清，改元崇德，所以他在位期間有兩個年號。

清太宗皇太極像

資兼文武
承得汗位

說起皇太極總讓人感覺不太像個名字，一般人，包括那些皇子，起名時都不可能用「皇」這個字，更何況還是「太極」。實際上它是從滿語翻譯而來，不是真正的名字，史籍說他叫黃台吉或洪太是。他稱汗後，人們則將其翻譯為皇太極，一則是音同，二則有顧名思義的意味，於是，皇太極的名字就這樣流傳下來。

萬曆二十年（1592年）十月二十五日，皇太極誕生，長得面色赤紅，眉清目秀，特別招人喜歡。當時父親努爾哈赤正轉戰於白山黑水之間，聽說又添了個兒子，很高興，作戰又平添了幾分英氣。努爾哈赤前後娶過十五個老婆，養下十六個兒子，八個女兒，皇太極排行老八。母親是葉赫那拉氏，即葉赫部頭領楊吉砮的女兒，當時葉赫跟建州的關係很好，那拉氏是努爾哈赤的第六位夫人。

努爾哈赤到生皇太極的時候，已經意識到征戰天下僅靠魯莽和豪氣是不行的，必須擁有文化，對子女要進行教育。於是，在家中配備了專門的教師，使得皇太極從小受到了良好的教育。

當年太祖經常在外征戰，家中的事務需要有人打理，年輕的皇太極便承擔起此項責任。太祖有十幾個老婆，一大堆孩子，大批奴僕、家產，管理起來很不容易，但這是個很好的鍛煉機會。據說在皇太極七歲時太祖就把家政都交給了他，他也沒有辜負父望，把家中事務打理得井然有序。這對他今後理政、發展經濟大有裨益。

皇太極十二歲那年，母親不幸去世，對皇太極打擊很大。母親是葉赫部的千金，臨終前想見自己的母親一面。這時努爾哈赤已跟葉赫部對立，雙方兵戎相見，不共戴天。太努爾哈赤派使者前去想把老太太接來，以滿足妻子的最後願望，沒想遭到了葉赫部的拒絕。皇太極眼睜睜地看着母親抱憾西去，內心非常痛苦。母愛遠他而去，父親因忙於征戰無暇給

他太多的關愛，他便在小小的年紀就學會了自立，磨練出堅定、果敢、強勁的性格。

萬曆四十年（1612 年）秋，二十一歲的皇太極第一次跟隨父兄出征，討伐烏拉部。小伙子血氣方剛，急於要在父親跟前有所表現，請求父親讓他渡河進擊。但父親卻不着急，只是四處焚毀烏拉部的糧草，遲遲沒有進攻的意思。皇太極不知所以，請教父親，努爾哈赤說，打仗就像砍伐大樹，得一斧子一斧子地砍。努爾哈赤只毀掉了其六個村寨便宣佈撤兵，第二年他們終於滅掉了強大的烏拉部。對此，皇太極領悟到了征戰乃至人生的一些道理，勇武自然重要，但韜略更不可少。「伐樹」理論對他影響很大，皇太極慢慢成長。

努爾哈赤雖多子，但在嗣位問題上卻面臨難題。作為父親，他希望兒子們精誠團結，共承祖業，但這只是一種幻想。努爾哈赤在還沒稱汗時就遇到了麻煩，即皇太極的長兄褚英，勇武善戰，努爾哈赤有意將他培養成為繼位人，但褚英恃才傲物，結黨攬權，把兄弟及群臣根本不放在眼裡，使得弟兄們經常到父親那兒去告狀。努爾哈赤非常惱火，下令監禁了褚英，隨後將其處死。此事讓他很受打擊，因為褚英畢竟是自己的親生骨肉，而且還是個很優秀的人才。

努爾哈赤思前想後，想出了個能避免錯選繼承人的法子，即「集體領導」，共同執政。這可能是女真人的一種思維定式，他們總覺得自己民族的團隊協作精神很強，凝聚力是他們所向披靡的「法寶」。萬曆四十四年（1616 年），努爾哈赤稱汗後，遴選了四個稱心的子嗣封為四大貝勒，有次子代善、侄子阿敏、五子莽古爾泰和八子皇太極，佐理國家政務。

四個人按月值班，輪流處理汗國的日常事務。皇太極展示出了頭腦清醒、智力不凡的優點，積極參與政務、軍事的謀劃與決策，頗受父汗的器重。萬曆四十六年（1618 年），努爾哈赤對明宣戰，進攻撫順，皇太極出「點子」，派部卒假扮馬販子混入城內，與後金軍裡應外合，一舉拿下了城池。萬曆四十七年（1619 年）薩爾滸之戰，皇太極跟代善等人率部截擊

明軍主力杜松部，大敗之，杜松戰死。隨後，皇太極率三百鐵騎衝入明軍的戰車營，將其徹底消滅。接着迎戰明軍劉綎部，皇太極又巧施計謀，讓明軍的降將攜繳獲杜松的令箭引得劉綎中計，陷入埋伏，皇太極和代善分別帶兵合擊，使其全軍覆沒。之後，在後金相繼發動對開原、鐵嶺、瀋陽、遼陽等城市的攻擊戰中，皇太極表現出一個將領的勇氣與魄力。

褚英被殺後，努爾哈赤準備立次子代善為繼位人。天命五年（1620 年），代善被告發與自己的大妃關係曖昧。薩爾滸戰役後，後金將統治中心遷至薩爾滸，代善認為自己為長，專橫跋扈，要住最寬敞舒適的房子，引得努爾哈赤不滿。之後，又有人告發代善前妻的兒子碩托企圖叛逃，代善請求殺掉碩托，實際上他是聽信了現在妻子的挑撥。努爾哈赤經過調查，知道碩托只是對有些事情不滿發些牢騷，並無叛逃之心，便斥責代善：「你受妻子的唆使便想殺掉自己的親生兒子，那麼你對待其他弟兄會怎麼樣呢？像你這樣的人，哪有資格做一國之君！」

經過此事，努爾哈赤在傳嗣一事上身心疲憊，於天命七年（1622 年）明確規定，他死後由八大和碩貝勒共理國政，共同推舉汗主。但努爾哈赤對皇太極非常上心，他似乎看出只有皇太極能夠實現他宏偉的目標。他經常找來皇太極單獨交談，對其處事中的缺點和錯誤進行批評、勸解，指點迷津。天命八年（1623 年），皇太極與額附（駙馬）武爾古岱的受賄案有牽連，太祖找來他訓斥，說你眼界應當放遠，有什麼好事盡量多想着兄弟們，不能只顧自己，在送往迎來的一些小事兒上要懂得尊重兄長。你是我嫡妻所生，很得我喜愛，但你絕不能自恃優越，輕慢他人，那樣是非常無知的表現。太祖說到動情處潸然淚下，皇太極被深深打動，明白父汗的良苦用心。

天命十一年（1626 年）八月，努爾哈赤身故，經過諸兄弟子侄的協商，推舉皇太極繼承汗位。皇太極「推辭」再三接受眾議，於九月一日登位，改元天聰，這年他三十五歲。

化解矛盾
獨攬大權

皇太極上台後形勢並不樂觀，「邦國未固」、「事局未定」的氣氛濃重地籠罩着後金。連年的戰爭，廣大民眾要擔負繁重的兵役和賦稅；遊牧生產方式的導入，使得農田荒蕪，百事不振，人心厭戰，怨聲鼎沸；汗國上層勾心鬥角，爭權奪利。特別嚴重的是後金國內滿漢民族矛盾尖銳。太祖一生出生入死，創業艱難，為後金做出了不可磨滅的貢獻，但在處理民族問題上卻存有失誤。在征服與佔領遼瀋地區的過程中，他堅持「誅戮漢人、撫養滿洲」的政策，大肆屠殺和奴役漢族百姓，嚴重地激化了民族矛盾。

錯綜複雜的形勢，對皇太極是一種挑戰，也是證明自己執政能力的機會。他一反努爾哈赤時歧視漢人的態度，認為漢人從明朝的統治下歸屬後金，就應當視為是後金的臣民，必須維護其利益，否則，等於消弱自己的統治。

崇德三年（1638 年），他頒佈諭旨：「以前攻佔遼東，百姓抗拒者被殺，被俘者則淪為阿哈。現在他們中仍有很多人處於奴僕的地位，我對此很是憐憫。因此特令上自王公大臣，下至平民百姓，凡是有將百姓充作阿哈（按：奴隸）的，全部都要查出來編為民戶。」對在戰爭中俘虜的明朝士兵，也一改全部貶為阿哈的做法，直接編為民戶，使其成為獨立耕作的農民。

天聰五年（1631 年），皇太極頒佈《離主條例》，規定阿哈可以通過告發主人的罪行而獲得自由。這項條例在努爾哈赤時曾頒佈過，但並未真正實施。皇太極經過修訂重新公佈，有許多阿哈通過告發主人而獲得了自由。

過去，漢人因不忍歧視和壓迫逃亡的很多，努爾哈赤時進行嚴厲制裁，不管是逃跑被逮還是謀劃逃跑，一律處死。皇太極規定，以前有私逃或

與明朝暗中來往的，一概不予追究，今後只將逃跑被捕的人處死，想逃但沒採取行動的即便被人揭發也不論罪。後來，皇太極又進一步放寬了《逃人法》，允許漢人逃跑，即便抓住也不治罪，但逃到明地不許再返回來。

皇太極注意任用和優待漢官。在他即汗位初期，後金的政權機構很簡單，官吏絕大多數是女真人。這些人在沙場上是把好手，但管理國家就有所欠缺了。皇太極認為必須吸收一批治政有方的漢族官員為政權服務；而且後金統治中心移至遼瀋地區，使用漢官有利於擴大後金的統治。天聰五年（1631 年），後金攻克大淩河城，一百多位明官歸降，皇太極舉行盛大宴會歡迎，賞賜大批財物、人丁，表示：「汗國雖然財物並不富裕，但一定盡力恩養你們。」天聰七年（1633 年），明將孔有德、耿忠明等人降後金，皇太極率諸貝勒大臣出城十里相迎，舉行盛大的歡迎儀式，以女真最高的抱見禮相待。

皇太極量才擢拔了一批漢族官員，著名的有范文程、鮑承先、高鴻中、寧完我等，特別是范文程，最受皇太極器重。凡臣子們向皇太極稟報重要事情，他總要問范章京知道否？章京是范文程的官名。皇太極若認為臣子們的意見不妥，就問為什麼不跟范章京商量一下？范文程要是生病，遇到棘手的事情都要等其病好後再做處理，而范文程擬就的文書，皇太極有時不加審閱就予以批准，以致有些女真官員感到不滿，說：「當初太祖誅戮漢人，撫養女真，如今漢人有的被封為王，有的出任顯要官職。反觀我們女真宗室有的卻成了平民百姓，形勢竟變化到如此地步！」

隨着農業、手工業的恢復發展，商貿業也出現了繁榮，後金用大批人參、東珠、貂皮等地方產品，同明朝、朝鮮、蒙古等地通商，換取糧食、布匹等日常生活用品。皇太極鼓勵商人開店，但不允許囤積居奇；強調注重稅收，嚴禁各級官員損公肥私，接受賄賂。

蒙、漢民族的大量歸附使得後金的兵源增多。皇太極在滿族八旗之外，又建立起蒙古八旗和漢軍八旗，征服了北部邊遠地區的一些部落，對滿族八旗也進行了補充，稱為「伊徹滿洲」，「伊徹」即「新」的意思。

但皇太極在推行改革的過程中卻遇到了一個很棘手的問題，即手中權力不足，他雖作為汗王但並非擁有實權。努爾哈赤死前明確「八王共治」，八旗旗主擁有很大的權力，操縱着後金決策的「議政會議」。皇太極即位後沿襲了努爾哈赤晚年代善、阿敏、莽古爾泰和他四大貝勒輪流值月的辦法，朝會時四人並列坐在一起，接受群臣的朝見，皇太極做事處處受掣肘，徒有「一汗虛名」，跟掌有整旗（正旗和鑲旗）的貝勒幾乎沒什麼兩樣。

皇太極當然不會容忍這種狀況長久下去，他在尋找機會。天命十一年（1626 年），他在各旗中設總管旗務大臣一名，參與管理旗中的一切事務，又能和貝勒一起參議國事。之後又設佐管大臣、調遣大臣各兩名，協理各旗的刑法和出兵駐防，這就削弱了旗主的權力。天聰三年（1629 年），皇太極在貝勒大臣會議上突然宣佈：取消三大貝勒輪流執政的權力，改由諸貝勒們代理。天聰四年（1630 年），皇太極以阿敏棄守灤州、永平（今河北盧龍）、遷安、遵化四城的罪名，將其幽禁，兩年後死於囚所。天聰五年（1631 年），莽古爾泰同皇太極發生口角，竟拔刀相向，皇太極借機以「御前露刃」的罪名革去其大貝勒銜，次年病死。至此，四大貝勒僅剩他和代善兩人，代善接受了兩人的教訓，對皇太極不敢稍有造次。

清理了權力上的障礙，皇太極開始南面獨坐，取得了獨尊的地位。天聰九年（1635 年），後金從蒙古蘇泰太后手中得到了元代的傳國玉璽，群臣上下都認為此乃吉祥之兆。在大家的推舉下，皇太極於第二年的四月十一日即皇帝位，定國號為大清，改元崇德，由後金的汗王正式榮登大清國皇帝的寶座。

馳騁疆場
鐵漢柔情

皇太極早在稱帝前就已經鎖定了稱霸中原的目標，但他很清楚，如果僅憑政權現有的狀況是難於問鼎中原的，而且在政權的周圍，還有明朝、朝鮮和蒙古等勢力對自己形成包圍，這成為大清進一步擴張的障礙。

清朝到皇太極稱帝時基本上還保持着女真征戰天下時的架構，以八旗體制為基礎，發號施令，軍事化管理。對此，皇太極仿照明制，進行了改變。天聰三年（1629 年），皇太極設立有滿、漢官員參加的「文館」，館臣分為兩類，一類翻譯漢文典籍，借鑒漢族的政治管理經驗；一類記錄本朝政事，以探究為政的得失。天聰十年（1636 年），皇太極又將文館改為內三院：內國史院、內秘書院、內弘文院，內三院各設大學士、學士若干人，直接參與國政，掌管機密，而且有權干涉各旗事務。

繼設文館之後，皇太極於天聰五年（1631 年）又仿照明制設立了吏、戶、禮、兵、刑、工六部，每部由一名貝勒總掌部務，下分設承政、參政、啟心郎等職。此時，諸貝勒與皇太極已由原來的平列關係轉變為君臣關係了。崇德五年（1640 年），皇太極又下令廢除由貝勒主持部務的制度，各部尚書改由皇帝任命。崇德元年（1636 年），皇太極設立都察院，負責勸諫君王，彈劾臣下的不法行為；同年，設立了蒙古衙門，兩年後改為理藩院，負責周邊事務。

又根據漢官的建議，頒佈了官民服飾制度，規定八旗和碩、諸貝勒不得擅自穿用黃緞製成的服飾，不得有五爪龍的圖樣，規定了朝會的座次、君臣上下公文往來、相互的稱謂以及喪葬、祭祀、儀仗、府第建築等禮儀的規格等。這就能看出皇太極為何重用漢官以及漢文化的威力了。

內政處理停當，該收拾周邊了。後金東臨朝鮮，北接蒙古，西面則是明朝，明朝實力在三方中是最強的，皇太極採取議和的政策。朝鮮是明朝的盟友，明一直利用其對後金進行牽制，明將毛文龍部就曾退至朝鮮，

駐兵於遼東、朝鮮、山東之間的皮島，得其資助經常對後金發動攻擊。天聰元年（1627 年）一月，皇太極乘朝鮮內亂，派阿敏、濟爾哈朗、阿濟格等人率三萬大軍發動進攻，迫使朝鮮簽訂《江都和約》。崇德元年（1636 年），皇太極又以朝鮮「屢敗盟誓」，「助明害我」為由，親率十萬大軍攻入朝鮮，包圍南漢山城。國王李倧被迫投降，稱臣納貢，允諾與明朝斷絕往來，將王子送至瀋陽作為人質。

對蒙古，皇太極則採取「懾之以兵，懷之以德」的政策，爭取與察哈爾林丹汗不和的科爾沁、喀喇沁等部歸附，天聰二年（1628 年），與兩部達成共同征討林丹汗的協定。經過幾次征戰，林丹汗勢力大衰。天聰八年（1634 年），林丹汗在青海大草灘病死。天聰九年（1635 年）初，皇太極命多爾袞等率一萬人西渡黃河，至托里圖，俘獲了林丹汗子額哲、蘇泰太后及部眾一千餘戶，得元傳國玉璽，統一了漠南蒙古。為了籠絡蒙古上層，皇太極用聯姻、賞賜、封王封爵、定外藩功臣襲職例、崇奉喇嘛教、與西藏僧俗頭領建立聯繫等手段，取得了蒙古諸部的支持和效忠。

解決了朝鮮和蒙古，皇太極可以騰出手全力對付明朝了。皇太極即位後，始終對明朝採取議和的態度，實際上是在尋找機會。寧錦之戰後，明軍退守寧遠，皇太極乘虛繞道從喜峰口攻入長城，攻陷遵化等城，直逼北京城下。明崇禎皇帝慌了手腳，急令袁崇煥率軍回援，皇太極使用反間計，借崇禎的手殺了袁崇煥，剔除了明軍中最讓他頭疼的對手，又率軍擊潰了明滿桂等部。有人提議乾脆乘勝攻下北京，皇太極認為時機尚不成熟，率部返回了瀋陽。

明清雙方實力的變化使皇太極開始從議和轉向攻伐，他在與明交往時由恭敬謙卑而變得咄咄逼人，他寫信給崇禎皇帝：「自古以來，天下都不是一家一姓固定佔有的。天道的變化循環往復，不知有多少人登上了帝王的寶座，哪能有帝王的後代永久做帝王的道理！」經過一番準備，著名的「松錦大戰」開始了。

錦州是遼西的咽喉，明在此駐有大量兵力，周圍有松山、杏山、塔山等城對錦州成拱衛之勢。崇德四年（1639 年），皇太極發動對松山的攻擊，

明軍固守，雖傷亡不少，但依然控制着該城。第二年，皇太極派兵屯駐義州，陸續逼近錦州。崇德六年（1641 年），守衛錦州外城的蒙古軍隊因懾於清軍而投降，城中明軍告急。明廷感到了問題的嚴重，急派薊遼總督洪承疇率十三萬大軍解圍。明軍步步逼近，聲勢浩大，多爾袞等人率清軍幾次交戰，損失連連，不得已向後退守關隘，錦州明軍乘機奪回了外城。戰報傳來，瀋陽城內人心惶惶，皇太極也心急如焚。但是他並未慌亂，而是拖着病體，決定親率大軍馳援前線，與明軍決一死戰。

皇太極仔細查看地形和明軍的佈陣，將軍隊部署於松山和杏山之間，切斷了明軍的後勤線，將松山城內外的明軍包圍。兩軍交戰，清軍奪取了筆架山的明軍糧屯，進一步縮小了包圍圈。明軍戰而不勝，又丟失了軍糧，將領們想退回寧遠。洪承疇無奈，只得下令突圍，對此，皇太極早有準備，突圍的明軍處處遭到截殺，傷亡慘重。在短短十天之中，明十三萬大軍損失殆盡，被斬殺的就達五萬三千多人，只剩下洪承疇率一萬多殘兵困守松山城。崇德七年（1642 年），松山城副將夏承德秘密降清，作為內應使城池失陷，洪承疇被俘。經皇太極苦心相勸，洪大帥歸降；錦州守將祖大壽見大勢已去，也獻城出降；隨後，塔山、杏山相繼落入清軍手中，歷時兩年多的松錦大戰結束。此役使明朝在關外的防禦體系土崩瓦解，軍事力量遭受重創，明清之間的力量對比發生了根本性的轉變，清完全控制了關外局勢。

「松錦之戰」的勝利給皇太極帶來莫大的快慰，但在決戰過程中其愛妃的不幸辭世卻給他帶來巨大的痛苦。在一般人看來，皇太極在感情上應當堅毅、剛絕，可實際上他感情執着、細膩，甚至非常脆弱，在決戰中他竟不顧戰事的勝負，毅然回到自己心愛人的身邊，實在令人稱奇。

皇太極擁有眾多的后妃，僅為他生育過的就有十五人之多。其中地位尊崇的有清甯宮皇后、關睢宮宸妃、麟趾宮貴妃、衍慶宮淑妃和永福宮莊妃，這五位都是蒙族人。為什麼皇太極所娶都是蒙族人呢？主要是出於政治上的原因。努爾哈赤時為與蒙古各部修好，娶了蒙古科爾沁部明安貝勒的千金，此後，後金的貝勒大都娶蒙古女子為妻，皇太極的博爾濟

吉特‧哲哲皇后就是努爾哈赤做主從科爾沁部迎娶的。哲哲跟皇太極感情很好，生了三個女兒，分別嫁給了滿族大臣和蒙古王公，最後在順治年間死於紫禁城，諡孝端文皇后。

哲哲皇后沒能給皇太極生兒子，使得她及娘家人都感到歉意，也是出於傳位方面的考慮，天命十年（1625 年），又將其侄女、科爾沁部的貝勒寨桑的女兒布木布泰許給了皇太極為妃，即後來的永福宮莊妃，即順治的生母。如此的嫁法讓現在的人覺得很彆扭。莊妃人長得漂亮，性格活潑，能量更是非同小可，她歷經了天聰、順治、康熙三朝，死後諡孝莊文皇后。

天聰八年（1634 年），皇太極征伐蒙古察哈爾的林丹汗。一天早晨，他在帳內發現一隻雌野雞，眾人議論他要娶到賢妃了。不想真是應驗，林丹汗的妻子竇土門福晉在族人的陪同下，到皇太極營帳求嫁。這就讓人更覺得不靠譜了，可當時並不見怪，這實際上是部族間相互征服的一部分。皇太極有顧慮，娶聲名狼藉林丹汗的妻子怕人說閒話，但貝勒大臣們看出皇太極的心意，竇氏長得很漂亮，便說服皇太極答應下來，當然也是出於籠絡林丹汗部眾的考慮。竇氏後來被冊封為衍慶宮淑妃，在后妃中居第四，在莊妃之前。

天聰九年（1635 年），林丹汗在青海大草灘病死。其多羅大福晉囊囊太后率一千五百戶部眾歸降。皇太極有意讓代善娶了這位太后，估計這是一種待遇，但代善卻嫌人家不太富有而推辭。幾個貝勒便向皇太極進言，讓其將囊囊也納入後宮。於是囊囊又成了皇太極的妃子，後封為麟趾宮貴妃，地位在淑妃之前。

這下該說到皇太極的極寵——宸妃了。此女是莊妃的姐姐，也是哲哲皇后的侄女，叫海蘭珠。皇太極在一次親戚會面時見到了這位妻侄女兼大姨子，一下子被迷住了。海蘭珠為什麼有多麼大魅力？這似乎用文字很難說得清楚，據說長得花容月貌，國色天香，舉止高雅，性格文靜。其實那時候她已經二十六歲了，似乎還結過婚，屬於大齡了，但讓皇太極愛得癡迷不已，神魂顛倒，可見女人讓男人着迷的絕對不僅僅是年輕。

第二年皇太極與海蘭珠成婚，兩人心心相印，情意綿綿，也成就了姑侄三人同嫁一個「夫君」的新鮮事兒。海蘭珠後來被冊封為關雎宮宸妃，取意於《詩經》中「關關雎鳩，在河之洲，窈窕淑女，君子好逑」的詩句，地位僅次於哲哲皇后。

崇德二年（1637 年）七月，宸妃為皇太極生下了一個兒子，皇太極興奮異常，馬上宣佈立為皇儲，頒佈了清朝第一道大赦令，在金鑾殿、清甯宮大宴賓客。誰想這孩子僅半周便夭折。宸妃經受不起打擊，鬱鬱寡歡，從此不思茶飯，身體日漸消瘦。崇德六年（1641 年），皇太極正在松錦前線作戰，忽然傳來宸妃病重的消息，令他大為震驚，立刻將軍務託付給將領們，自己起駕歸京。宸妃見到日夜兼程歸來的丈夫，含笑離開了人世。皇太極悲痛欲絕，失聲痛哭，全然不顧為君的「威嚴」。宸妃能有這樣深愛自己的丈夫，應當能欣慰於九泉了。

宸妃去世的第二年，松錦大戰結束，清朝入關幾乎已成定局。但皇太極卻沒能親自完成這一大業，於崇德八年（1643 年）在事先沒有任何徵兆的情況下猝然而死，年五十二歲。對於死因，有人說是多年征戰、操勞政務所致，有人說是宸妃故去給他帶來的沉重打擊，也有人說是多爾袞弒兄。他死後諡應天興國弘德彰武寬溫仁聖睿孝敬敏昭定隆道顯功文皇帝，廟號太宗，葬於昭陵，即瀋陽北陵。

性格倔強的福臨

清世祖 順治

1644-1661

清崛起於關外，入主中原成為整個華夏的霸主。

順治是清朝實現這一過程的在位皇帝，也是清從金戈鐵馬到文治武功之間的一個過渡，他雖不如努爾哈赤、皇太極以及康熙、乾隆等幾位帝王聲名那麼顯赫，但地位卻非常重要。

通常稱清代帝王，除入關前的兩位，都習慣於稱年號，比如順治、康熙、乾隆等，我們也按此習慣；另外，清帝王的族姓相同，都姓愛新覺羅，故每篇標題省去族姓，只呼其名。

清世祖順治像

幼年繼位
多氏專權

順治繼位是在事發突然、皇室紛亂、他自己渾然不知的情況下進行的。
崇德八年（1643年）八月，皇太極突然病死。皇太極身體強壯，死前
沒有任何徵兆，據說是他到睿親王多爾袞家赴宴，突感身體不適，於是
回宮休息，很快故亡。關於他的死，後世說法很多，有的說是征戰勞苦，
有的說是思念宸妃，有的則是說被多爾袞所害。反正是死了，而且死得
非常突然，由誰來繼位就成為皇室面臨的急迫問題。

清是從遊牧民族成長起來，皇位繼承還沒有採取類似漢族的嫡長繼承
制。當初努爾哈赤曾立長子褚英失敗，於是決定汗位的繼承由貴族「議
政會議」推定。時下有兩個人擁有競爭的實力，一是皇太極的長子肅親
王豪格，他有兩黃旗和正藍旗支持，多年來戰功卓著，而且漢族皇室繼
承的正統觀念正逐漸為滿族貴胄們所接受；另一則是皇太極的弟弟睿親
王多爾袞，他有兩白旗作後盾，還有一母同胞的阿濟格和多鐸為左膀右
臂。皇太極生前對多爾袞很信任，曾說過「朕愛爾過於諸子弟，賴爾獨
厚，以爾勤勞國政，恪遵朕命故也」的話。當然，這是多爾袞一派所言。

叔侄倆都認為自己該承繼皇位，彼此爭執不下。從實力上講，豪格似乎
稍強，他勇武無比，得父皇勢力的支持，兩黃旗精兵在宮外佈防，劍拔
弩張；從能力上說，多爾袞好像佔優，此人聰明能幹，處事果斷，但藩
王的身份不如皇子名正言順。估計是憚於豪格的強勢，使自己獲得迴旋
的餘地，多爾袞提出了個折衷的方案，即擁立太宗的第九子福臨繼位，
由鄭親王和他共同輔政。這多少有點兒「我得不到誰也別想得」的意味，
同時讓主張皇子繼位的豪格派也說不出什麼，據有兩紅旗的中立派禮親
王代善也同意此案，福臨繼位就這麼通過了。

福臨被推上了皇位，他並不太清楚到底發生了些什麼，他只有六歲。皇
太極身後有七個兒子，為什麼選中了他而沒有選中別人，史籍並沒有說
清楚，分析其原因，可能是幾個親王商議，乾脆咱們幾個歲數大的都別

當，選個小的，而具體選誰，福臨的生母永福宮的莊妃則發揮了重要作用。莊妃即孝莊文皇太后，很具政治遠見和才能，經歷皇太極、順治、康熙三朝，對清初政治產生了非常大的影響。有人說她極受太宗寵愛，也有人說她並不受寵，似乎後一種說法較為確切，因為她要受寵在皇太極活着的時候就會把福臨立為太子，而且誰都知道皇太極與她的姐姐宸妃有着一段刻骨銘心的愛情。還有一點為後人口耳相傳的，那就是莊妃同多爾袞有着一層說不清的關係，甚至說她下嫁多爾袞，但正史並未證實，可關係好是不容置疑的。

真不知道豪格怎麼會同意這個方案，這實際上是將皇權交給了多爾袞，一來他是輔政大臣，可以名正言順地行使皇權，福臨作為六歲的孩子根本就沒有干預能力；二來是跟莊妃不一般的關係，使他控制皇權更為得心應手。崇德八年（1643 年）八月二十六日福臨在盛京正式即位，第二年改元順治。

順治年幼，攝政的多爾袞大權獨攬。史籍對他頗有微詞，說其擅權亂政。可實際上太宗死，順治年少，清入關滅李順、南明等都是由他來主政的，也就是說，清從北疆一隅的異族而成為華夏中原的霸主，是由他實現的。為獨掌權力，他清除異己，先是罷免了諸王貝勒管理部院事務的權力，宣佈自己「身任國政」，又將同他一起攝政的濟爾哈朗排擠到身後。為了除掉政敵豪格，他將豪格的心腹俄應可圖、揚善、伊成格、羅碩等以「附王為亂」的罪名處死，因順治念其手足，哭着鬧着要保護兄長，豪格才幸免一死，但被罰金五千並廢為庶人。多爾袞成為朝中的無冕之王。

李自成發動農民起義，於崇禎十七年（1644 年）三月攻入北京城，崇禎皇帝自殺於煤山。遇此千載難逢的大好時機，多爾袞聽從了謀士范文程獻策，率領清軍向山海關大舉進發。山海關守將吳三桂因李自成的部將劉宗敏霸佔了他的愛妾，「沖冠一怒為紅顏」，獻關於清軍。在多爾袞和吳三桂的聯合打擊下，李自成的農民軍敗退北京，但兵力已難以據守，倉皇撤離。多爾袞的大隊人馬長驅直入紫禁城，成為這座皇宮的又一代主人。

順治元年（1644 年）九月，順治在濟爾哈朗的護送下由瀋陽來到北京。十月初一，舉行隆重的開國大典。在文武百官的護衛下順治到天壇宣讀告天禮文，正式宣告清對全國的統治。隨之加封開國元勳，命將多爾袞的豐功偉績刻於石碑以傳後世，封多爾袞為攝政王。大典上即位的是順治，但風光無限的卻是多爾袞。但根據論功行賞的原則，多爾袞也絕對受得起對他的封賞。

清入主京城，但天下並未平定。大順軍尚有幾十萬兵馬，各地農民武裝出沒無常，防不勝防；在南京，南明弘光政權依然存在。多爾袞授英親王阿濟格為靖遠大將軍，討伐大順軍，豫親王多鐸受封定國大將軍，征討南明。在清軍的剿殺下，大順軍節節敗退，清軍緊追不捨，李自成在湖北九宮山殉難。南明偏安一隅，空有富庶的土地和幾十萬軍隊，君昏臣奸，這樣的政權亡也是必然！

軍事以及政治上的勝利使多爾袞春風得意、忘乎所以，他在朝中盛氣凌人、不可一世，一切軍國大事都必須經過他手，群臣對他要行只有對皇帝才能行的跪拜大禮。他根本不把順治放在眼裡，甚至認為自己才是真正的皇帝。順治內心是壓抑的，而且隨着年齡的增長，這種壓抑慢慢地衍變為不滿，甚至是憎恨。

幾年過去了，順治已長成少年，可多爾袞絲毫沒有歸政的意思。可能是「天數」裁定，順治七年（1650 年）十一月，多爾袞出獵墜馬而傷，由於常年征戰，操勞過度，他傷情加重，臥床不起，一個月後病死在喀喇城，年僅三十九歲。多爾袞的靈柩被運到了北京，順治出迎到東直門外五里遠的地方，下詔書追述叔父扶立自己、平定中原、統一天下的豐功偉績，追尊其為懋德修道廣業定功安民立政誠敬義皇帝，廟號成宗。多爾袞雖英年早逝，但生前威比天子，富過君王，死後又得到如此厚譽，應當知足了。但僅僅兩個月後，蘇克薩哈、詹岱首告多爾袞曾「謀篡大位」，緊接着，以鄭親王濟爾哈朗為首的諸大臣紛紛上疏，指多爾袞獨擅威權、挾制皇帝、逼死豪格、納其妃子等罪行，一時間，朝臣們把多年來對多爾袞的不滿怨恨都發洩出來。順治馬上下詔奪多爾袞的爵位，

沒收其財產，毀掉其陵墓。人們甚至挖出其屍體，棍打鞭抽，砍去腦袋，暴屍示眾，順治着實出了一口惡氣。一位功蓋清室的賢能，死後竟落得如此下場，實在讓人感到心情複雜。順治八年（1651年）正月，順治御太和殿親政，這時他才成為真正的一國之主。

文教治國
廣行善政

順治主政時，清朝大業初定，但各種問題紛繁複雜，社會很不穩定。清入得關內，剿滅義軍，平定江南，靠的是鐵騎弓射，行的是高壓暴政，一時間控制了中原廣大地區。多爾袞則是引領這一過程的梟雄豪傑。多爾袞死，順治親政，到處都是他必須正視和要解決的問題。

清出身遊牧，強的是橫刀立馬，摧城拔寨，他們攻克關津，蕩平中原，展示出很強的征服能力。攻佔可以靠勇武、靠騎蕩、靠血腥殘殺，但治理則必須靠典章、靠策略、靠文化。

順治作為新主，對此是有所認識的，儘管不那麼明確，但較之打天下的多爾袞之輩則有了不小的改變和提高，這在很大程度上源於他所接受的教育。順治自幼對讀書很感興趣，也頗具靈性，到八歲時，已能熟讀滿文。但由於多爾袞的阻撓，他失去了接受漢文化的最佳時機，到十四歲親政時，對漢文十分陌生，每當閱讀諸臣們的奏章，他常感到茫然不解。

但他發奮攻讀，閱讀了大量漢文書籍，讀書使他擺脫了先輩的草莽之氣，思考問題和處事風格都發生了改變，而這些則很快體現到他的治政之中。

順治接納了流行中國幾千年的儒家學說，對一些降清的明官所提出「惟有忠於明朝，才能忠於清朝」的觀點表示認可。順治十年（1653年），他為范景文、倪元璐、王承恩等明末殉難忠臣立碑旌表，賜地供祭，對誓不降清的史可法給予高度評價，親自撰文讚頌。他推崇孝道，命大學

士馮銓為總裁官，編制《孝經衍義》，編印《範行恒言》、《幼善要言》、《順天大戒》等書。順治九年（1652 年），他到孔廟祭奠，並撥款三萬兩白銀修繕孔廟。

順治十年（1653 年），定南王孔有德、敬謹親王尼堪在支持南明永曆帝的大將李定國發動的反清攻勢中雙雙戰敗身亡，消息傳來，舉朝震驚。當時，江浙閩粵一帶有鄭成功水師出沒，滇桂川黔則被李定國的勢力所分割，清軍疲於應對。清軍嫻於騎射，但不習於水戰，所以，清廷製定了先西南後東南的策略，命洪承疇為五省經略，負責西南的戰爭，同時諭令兵部小股農民武裝如果主動投降，可予免罪，由當地政府安置。洪承疇到任後先控制了湖廣，之後進軍西南，相繼攻克貴陽、重慶、遵義等地，於順治十六年（1659 年）一月進入雲南，在永昌磨盤山殲滅李定國主力，永曆帝朱由榔逃入緬甸，南明政權名存實亡。

順治對鄭成功則採取招撫的策略，順治九年（1652 年）十月，敕諭浙閩總督劉清泰招撫鄭成功，說：「若成功等來歸，即可用之海上……今已令鄭芝龍作書，宣佈朕之誠意。」鄭芝龍即鄭成功的父親。十一月再次敕諭，說鄭成功如歸順，依然允其駐防泉、漳、惠、潮一帶，「其管民文官，俱聽部選，爾原轄武官，聽爾酌量任用。」他在一年內給鄭成功下了四道敕諭，可見其良苦用心。但鄭成功拒不受撫，順治態度轉硬，順治十四年（1657 年）三月，他下令對鄭成功「當一意捕剿，毋復姑待，」一個月後，又將鄭芝龍及親屬子弟「俱流徙甯古塔地方，家產籍沒。」持續近二十年的大規模武裝反清活動基本結束。

順治深知「帝王臨御天下，必以國計民生為首務」，戰事平息，他立刻着手恢復和發展社會的經濟秩序。順治十年（1653 年），他採納范文程等人的建議，設立興屯道廳，在北方推行屯田開荒；在四川，由政府貸給牛犋種銀，鼓勵兵民開墾荒田；又先後頒發《督墾荒地勸懲則例》和《官員墾荒考成則例》等。順治十四年（1657 年），他以明萬曆年間的賦役為準，免除天啟、崇禎年間的繁重雜派，編成《賦役全書》頒行天下。同時，朝廷還向稅戶發放「易知單」，防止各級官吏加徵私派。

圈地是多爾袞時期的一項弊政,當時共進行過兩次大規模圈地。開始只是宣稱圈無主荒地和將明朝勳貴的土地分給滿族官兵,實際上是隨意將民地指為官莊,硬把私人熟地說成是無主荒地,後來索性不論土地有主無主,一律圈佔。土地一旦被圈,田主馬上被逐,家中財產一概盡佔,許多百姓、包括士紳都傾家蕩產,無以為生。被圈的土地實際上只有少量分給了旗丁,絕大部分落入了皇室王公和八旗官員之手。順治主政後,立即頒佈嚴禁圈地的諭令,指出田野小民全仰賴土地為生,圈地後作為狩獵、放鷹的往返住所,實為不妥,令地方官立即將所圈土地歸還原主,重申永遠不許圈佔民房和土地。後雖發生過零星圈佔的事情,但再沒有發生過大規模的圈地事件。

順治主政後有兩點變化很明顯:一是重用漢官,二是禮遇西方傳教士。原清廷有規定,漢官在各衙門中不能掌印,順治主政後取消了禁令,規定誰官銜在前誰掌印。順治十二年(1655年),都察院署承政事固山額真卓羅奉命出征,順治命漢官龔鼎孳掌管部院印信。龔鼎孳受命後心中忐忑,以一貫都是滿臣掌印而推辭,但順治卻堅持讓他掌印,從此作為一項制度確定下來。內閣大學士起初滿人是一品,漢人只能是二品,順治十五年(1658年)全部改為一品;六部尚書原滿人為一品,漢人為二品,順治時全部改為二品。

順治八年(1651年),順治經范文程引見認識了德國傳教士湯若望,此人為明末清初在中國很有影響的人物,人將他與利瑪竇並稱「利湯」。順治對這位學識高深的傳教士很尊敬,封為通議大夫,後又加封其為太僕寺卿、太常寺卿,順治十年(1653年)賜名「通玄教師」;次年,將阜成門外利瑪竇墓地旁的土地賜給他,親書「通微佳境」的匾額懸掛於湯若望創立的北京宣武門內的教堂內。

順治最初結交湯若望是因其通於醫道,順治八年,皇后博爾濟吉特生病,孝莊皇太后遣侍女向湯氏求醫,並未說明患者的身份,湯氏開出醫方很快使皇后病除,太后感激不已,賜其大批物品,並提出願以父女相稱,順治按滿族的習慣稱其為「瑪法」,即爺爺的意思。自此,順治與湯氏

來往頻繁，後來乾脆免去進宮禮節，特許湯氏自由出入。順治還經常光顧湯氏寓所，時間久了還共進餐飯。順治十九歲生日時，他向拜賀的群臣宣佈要在瑪法家中過壽誕。湯氏經常向順治提出建議，對順治理政的影響很大，甚至順治在臨終議嗣一事上還專門徵求湯氏意見。

淒美愛情
遁跡紅塵

後世對順治議論最多、也最能反映其性格的是他與董鄂妃的愛情以及信奉佛教乃至遁入空門。從此史實看，順治頗像一個深陷情感糾葛而不能自拔、癡情、任性的大男孩兒。作為一個皇帝，他顯得過於偏執，太兒女情長，但作為一個人，敢愛敢恨，活得卻很充實，也很真實。

順治十四歲時，其母按照多爾袞的意思選定科爾沁卓禮克圖親王吳克善之女博爾濟吉特氏為皇后，順治八年（1651 年），皇室為他舉行了隆重的大婚典禮，迎皇后入宮。但順治卻與皇后不合，很快在感情上出現裂痕，後來順治對其簡直到了不可容忍的地步。照順治的說法，博后處心不端，非常刻毒，妒忌之心很重，見到容貌稍微出眾的女子便十分憎惡，必欲置之死地。對順治的一舉一動無不猜防，導致順治別居他處，不再與之相見。順治一向愛慕簡樸，皇后卻癖好奢侈，所穿衣服都要用珠玉綺繡綴飾，不知珍惜，進膳時，如果有一件不是金製的器皿，便面露不悅。順治對此很鬱悶，簡直成了心病，提出要廢掉她。但廢黜並非易事，順治雖為一國之尊，但在感情上卻要受到禮法的約束，朝臣紛紛上奏，請他慎重行事，說皇后並沒有明顯的過失，廢黜恐難服人心。但順治決意已定，經過一番周折，終於廢掉了博后，將其降為靜妃，改居側室。

順治十一年（1654 年）五月，孝莊又給順治冊立了科爾沁鎮國公卓爾濟之女為皇后，行大婚禮，清朝皇帝在一生中行兩次大婚禮的只有他一人。新皇后似乎仍不合他的心意，一度又要廢后，但大臣們齊聲反對。

順治十五年（1658 年），這個皇后因在太后那兒出了點兒差錯，被打入了冷宮。

順治共有后妃十九人，最寵愛的是董鄂妃。關於這個董鄂妃後人有幾種傳言：一說是大臣鄂碩之女，十八歲入侍；二說是江南的名妓董小宛，但不太可能，據考證，董小宛比順治要大十四歲，到順治娶妃時，董小宛實際上已經死了；三說是順治同父異母的弟弟博穆博果爾的妻子，被順治看上，兩人相見恨晚，他弟弟很不高興，痛斥董氏，順治把弟弟叫來毆打，他與董氏不管不顧，愛得死去活來。其中第三種說法流傳比較普遍。董鄂妃跟順治結婚一年後生了個兒子，但僅三個月便夭折，董鄂妃禁不住打擊，一病不起，不久就去世了。董鄂妃的死給順治以巨大的打擊，一下子萬念俱灰、悲觀厭世，他讓大臣寫行狀紀念這位愛妃，但怎麼寫順治都不滿意，最後親自主筆，寫了洋洋數千言。之後順治轉向了佛教，開始沉溺於信佛、禮佛。

順治早就對佛教很感興趣。當年臨濟宗禪僧玉林琇二十三歲作了湖州報恩寺的住持，名聲很大，順治聽說後召他進京講法。玉林琇一開始不情願來，順治耐着性子，等他到京後仍以厚禮相待。順治自稱弟子，時常親臨玉林琇的館舍請教佛道。玉林琇也極力用佛教影響順治，授他以僧服、印章等，予其「大覺禪師」、「大覺普濟禪師」等稱號。臨濟宗還有一個大和尚木陳忞也受到順治的寵眷，順治十七年（1660 年）應詔入京，順治多次在其在下榻的萬善殿會見他，兩人山南海北，說古論今，不僅研討佛理，還談及人生、世道以及古今人物評價、八股對文、詞賦書法等。順治求「釋名」，賜木以「弘覺禪師」的封號，賞賜大量物品。木氏要南歸，順治戀戀不捨，讓其留下兩位弟子，並一直送他到北苑門，半年內兩次派官前去探望。

董鄂妃的死，使順治情緒消沉，轉向佛門以求解脫。一段時間他經常與高僧溪森廓守在一起談佛論經，晝夜研討，最後竟決意超脫俗塵，剃度出家。後來經玉林琇反覆開導，提出讓他以帝王之尊扶持佛教，再加上孝莊皇太后極力規勸，他才打消了出家的念頭。但有許多史料說他出家

修道，甚至說他並沒有死，而是出走浪跡天涯。

順治十八年（1661 年）正月初六，順治躺在養心殿的御榻上。四天前，他親往憫忠寺瞻親信太監吳良輔的剃髮出家儀式，不知是遭遇風寒還是情緒上受到影響，回宮後便病倒了，據說是染上了天花。他的遺詔檢討了親政以來的種種過失，一共十四條，名「罪己詔」，其中有「漸習漢俗，於淳樸舊制，日有更張。以致國治未臻，民生未遂」，「明季失國，多由偏用文臣。朕不以為戒，而委任漢官，即部院印信，間亦令漢官掌管。致滿臣無心任事，精力懈弛」等內容。同時宣佈由八歲的兒子玄燁繼承皇位，索尼、蘇克薩哈、遏必隆、鼇拜四人輔政。關於繼位，他並沒有按照努爾哈赤、皇太極兩代由貴族「議政會議」推定的傳統，採用「遺詔」的形式，創清代之先例，也與歷代政權更迭的做法形成了一致。

對於順治的「罪己詔」，後世有很多疑問，因為不符合順治一貫的理念和處事風格，有人認為是經滿洲貴族篡改的。歷史總是充滿了疑問，多一點也並不奇怪，或許正是因為有了眾多的疑問才使歷史變得豐富而真實。順治隨即故去，年僅二十四歲。四月十七日，僧人溪森奉順治遺命來京，在景山壽皇殿為順治舉行了遺體火化儀式，之後安葬在他自己選定的京東昌瑞山麓的孝陵，謚體天隆運定統建極英睿欽文顯武大德弘功至仁純孝章皇帝，廟號世祖。

鐵血柔腸的玄燁

清聖祖
康熙

1662-1722

清聖祖愛新覺羅‧玄燁是清朝的第四代皇帝，入關後的第二代皇帝，即我們常說的康熙皇帝。他是中國歷史上稱帝時間最長的帝王，共六十一年。他身體強健，遍遊全國名山大川，篇章墨寶幾乎隨處可見，流傳有許多他的故事和傳聞；他興趣廣泛，熱衷於詩賦文章、揮毫潑墨，喜歡音樂，甚至還鑽研科學技術；他在壩上草原開闢木蘭皇家狩獵場，在承德建避暑山莊及周圍寺廟，為後世留下了彌足珍貴的物質文化遺產；他性格堅毅，處事果敢，但晚年在立嗣的問題上卻猶疑不定，造成了身後的混亂。

清聖祖康熙像

鋤奸平亂
確立皇權

康熙是順治的第三個兒子。生母姓佟，外曾祖佟養真曾跟隨太祖努爾哈赤征戰天下，是大清的開國功勳；外祖父佟圖賴是漢正藍旗人。順治時改變單純從蒙古族中選妃的舊制，開始也在漢軍中選妃，佟氏被選入宮中，康熙實際上有着一半漢族血統。但佟氏並不得順治的寵愛，所以，康熙也遭受冷落。

但康熙的祖母對康熙母子很疼愛，即孝莊皇太后，她派自己的侍女蘇麻喇姑幫助保姆照看康熙，教他讀書寫字，並親自教誨。

康熙登基時只有八歲。這樣的年齡顯然無法主政，必須有人輔佐。這期間他奶奶孝莊太皇太后起到了關鍵性作用。孝莊是皇太極的妃子，皇太極死，她幫助自己的兒子順治當上了皇帝，順治在位十八年；孝莊又經過一番努力，將年幼的康熙扶上皇位。所以，康熙對祖母特別有感情，即使當了皇上也特別依戀。

康熙長到十四歲，玩耍得差不多了，在祖母的支持下開始親政。這樣的年齡，康熙卻表現出了難有的成熟。首先讓他面對的是幾名輔政的大臣。當年順治立下遺詔，委託索尼、蘇克薩哈、遏必隆、鰲拜四人輔助康熙從政。

四大臣在輔政之初遇事協商，需要奏事則一同進謁康熙和太后，待太后決策後再由他們以皇帝或太后的名義發佈諭旨。輔政大臣雖無決策權，但他們可以入直、票擬並代幼帝御批。可時間一長這種格局則發生了變化，起因是鰲拜的專權亂政。鰲拜是輔政的四大臣之一，政治野心很強，善於玩弄權術，驕橫跋扈，朝臣都很怕他。他逐漸利用其他三人年邁、資淺、怯懦的弱點，打破了聯合協商輔政的格局，獨攬了朝政大權。康熙主政後，鰲拜利用鑲黃旗和正白旗歷史上土地的糾葛發難，他是鑲黃旗，想借此打擊正白旗的蘇克薩哈。被派去處理此事的戶部尚書蘇納海等人上書要求停止兩旗間的土地調圈，鰲拜見蘇納海敢對抗他的指令，

將其逮捕並要求處死，康熙不同意，但鼇拜堅持把蘇絞死，其他人降級、治罪，一點兒不給康熙面子。接着他又對準蘇克薩哈，逼迫康熙下詔把蘇也殺了，從此鼇拜更加肆無忌憚。

康熙對鼇拜的所作所為心知肚明，但因其勢力強大並沒敢輕易下手，而是先任其囂張，暗中積聚力量。他從各王府挑選親信子弟組成侍衛善樸營，操練武藝，同時封鼇拜為一等公，把他捧上天。鼇拜春風得意，忘乎所以，沒有察覺危險將近。一天康熙單獨召他進宮議事，他不可一世地剛進宮門，佈置好的侍衛軍一擁而上，三下兩下將其拿下，這個橫行數年、權傾朝野的重臣頓時成了階下囚。康熙命康親王傑書對其進行審訊，公佈了三十條罪狀，但是念其當年救駕皇太極有功，赦免死罪，讓他在監獄裡度過了餘生。鼇拜的黨羽也受到處置，受誣陷的蘇納海、蘇克薩哈等人得到昭雪。康熙接着對各級官員進行大規模調換，下達《聖諭十六條》，整飭朝政，清除鼇拜餘黨的影響。

清朝從東北入主中原，得助於三名降清的明將：吳三桂、尚可喜和耿仲明，立國後，三人被封為平西王、平南王和靖南王，分別駐守在雲南、廣東和福建。這三位藩王自恃有功，擁兵自重，形成很強的割據勢力，令朝廷很頭疼。康熙寫了「三藩、河務、漕運」的條幅掛在宮中，把其作為要解決的大事。

「三藩」中尚可喜因年老多病，把藩事交給兒子尚之信主持。尚之信兇暴殘忍，酗酒嗜殺，他曾經割下行人的肉餵狗，無故刺死父親派來送信的宮監取樂。尚可喜怕兒子鬧出大事來，同時也不甘心受兒子挾制，於康熙十二年（1673 年）給康熙寫信，請求回遼東老家休養。這正對了康熙的心願，遂下令撤掉尚藩，將兵士全部撤回原籍。這時吳三桂和承襲靖南王爵號耿仲明的孫子耿精忠都驚恐不安，也上書要撤藩，目的是試探朝廷。

康熙召集眾臣商議此事，朝臣們意見不一，多數人認為藩王並沒有謀反的企圖，撤藩後還要派兵駐守，增加開支；有的人還為吳三桂講情，說他守邊有功；但兵部尚書明珠、戶部尚書米思翰、刑部尚書莫洛等主張

撤藩。康熙看出三藩王手中握有重兵，已形成尾大不掉之勢，如不及早除掉，必有後患，所以，堅持撤藩。他派侍郎折爾肯、學士傅邁禮赴雲南，戶部尚書梁清標赴廣東，吏部侍郎陳一炳赴福建催促辦理撤藩事宜。

吳三桂看康熙要動真格的了，不肯坐以待斃，仰仗強大的實力，起兵謀反。吳三桂當年因為女人洞開城門引清軍入關，如今自封「天下都招討兵馬大元帥」，「反清復明」，相當諷刺。其他兩藩也舉起反旗，一時戰火燃遍半個中國。康熙派兵征討，幾經周折，收復了大部藩地，吳三桂見大勢已去，垂死還上演了「稱帝」的鬧劇，改國號周，年號昭武，但不到五個月便命歸西天。

三藩平定後還有台灣問題，當年鄭成功從荷蘭統治者手中收復台灣，但其子鄭經自立為王，統兵反對父親，老鄭抑鬱而死。「三藩之亂」中鄭經曾與耿精忠合謀進攻廣東，耿藩投降後鄭經還多次騷擾沿海。鄭經死後，其子鄭克塽被立為王，繼續盤踞台灣。康熙聽從福建總督姚啟聖的建議，出兵討伐，任用鄭成功舊部施琅為福建水師提督，經過兩年的訓練，率兩萬多官兵分乘二百三十多艘戰船攻佔了澎湖，鄭克塽見大勢已去，向清軍請降，台灣重歸朝廷控制。

俄國是康熙另一個心腹大患。平定「三藩」後，他赴東北祭祀祖陵，視察農耕、軍旅。國家之間的爭端往往是先禮後兵，俄國派使者來，康熙跟他們談判。但使者很傲慢，沒有誠意，根本談不出結果。之後俄國變本加厲，先後闖入精奇里江、西林穆丹河和額爾古納河。康熙決定反擊，黑龍江流域的俄國勢力基本被肅清，但還有俄國人所建之尼布楚城和雅克薩城。

康熙發動了兩次雅克薩之戰，取得了勝利。結果雙方又回到談判桌邊，經過幾輪爭執，終於達成了中俄和平解決邊界問題的協議，簽訂了《尼布楚條約》，確定以外興安嶺至海、格爾必齊河和額爾古納河為中俄邊界，黑龍江和烏蘇里江流域為中國的領土，中國將尼布楚割讓給俄國，俄軍撤出雅克薩，並毀掉所建之雅克薩城。條約的簽訂給中俄邊界帶來了一百多年的和平。

玄燁
清聖祖

西部還有一支很具威脅的蒙古準噶爾部。準噶爾是原遊牧於伊犁一帶的蒙古四部之一，在首領噶爾丹統領下，兼併了其他三部，得俄國的支持，進犯漠南，一直打到離開北京只有七百里的烏蘭布通（今內蒙古昭烏達盟克什克騰旗）。康熙帝率軍親征，出古北口在「烏蘭布通之戰」中大破敵軍「駝陣」，噶爾丹帶殘兵逃回漠北。

噶爾丹回到漠北，表面向清廷表示屈服，暗地裡繼續招兵買馬，還派人到漠南煽動叛亂。康熙第二次親征，分三路出獨石口，噶爾丹見勢不妙倉皇逃竄，康熙派兵追擊，在昭莫多（在今蒙古人民共和國烏蘭巴托東南）大敗噶爾丹，噶只帶了幾十騎脫逃。時隔一年，康熙又率兵親征，噶軍無心戀戰，紛紛投降，噶爾丹走投無路，服毒自殺。從此，清廷控制了阿爾泰山以東的漠北蒙古，給當地蒙古貴族各種封號和官職。此後，清廷又在烏里雅蘇台設立將軍，統轄漠北蒙古。

整飭朝政
顯露局限

內政方面，康熙面臨兩方面的挑戰：一是經歷明末的衰敗，怎麼建立起一個富有生機的政權；二是怎麼協調好與漢族及其他民族的關係。

湖廣總督蔡毓榮在平定「三藩」中攻打昆明時按兵不動，待別人攻下城池他卻進城大肆搶掠，貪天之功，竟然升官晉爵，事情敗露，康熙對其進行了嚴懲。兩江總督噶禮在江蘇鄉試中收受賄銀五十萬兩，江蘇巡撫張伯行上書參劾噶禮罪行，噶禮是滿族勳貴，張伯行是有名的清官，康熙派人去調查此事，因懾於噶禮的權勢，朝官廷議將二人，一併革職，此議看似公允，實際偏袒噶禮，康熙主持公道，令張伯行留用，噶禮革職。

中國吏治向來官官相護。地方官為了晉升和斂財，往往要行賄朝官，朝官收受了賄賂，自然要替地方官說好話，出了事情要盡量袒護，於是便

形成了中國官場腐敗的現象，也形成了錯綜複雜的關係網。康熙能拉下臉懲治貪官，對相互遮蔽的官員不講情面，實屬不易。但制度是既定的，想徹底改變並不可能，哪怕是遇到康熙這樣的「明君」、「聖主」。

要治理好國家，必須廣納人才，得人才者得天下，這一點對於康熙尤為重要。康熙繼位後採取種種措施，爭取和重用漢族士人。他多次南巡到南京拜謁明太祖的孝陵，並親筆手書「治隆唐宋」碑。還親臨孔廟祭祀，接受和融入漢文化。

康熙繼續實行承傳千餘年的科舉考試，特設「博學鴻詞科」，搜羅明朝遺老和各類人才參政。他要求各級官員舉薦學行兼優的人士，並親自考察錄用，他給這些應試者往返路費、伙食補貼、柴炭銀両等挺高的待遇，擺酒席款待。考試過程看上去很嚴格，實際上對應試者很遷就，對有才華但考得一般的士人也大都錄用，授予翰林院的官職，逐漸消除了這些人的反清情緒。而落第者覺得很沒面子，也就不再敢以遺老自居。當然錄用者畢竟是漢族學者中二三流的人物，但像顧炎武、黃宗羲、李顒等著名學者始終拒絕應試。關中大儒李顒是被人抬到考場，但拒不應試，五六天不吃不喝，弄得清朝官員毫無辦法。山西的傅山被人抬到北京城外，就是不進城，王公大臣們出迎也不理喻，結果地方官以傅山年老體病奏請免試。康熙對這些人採取寬容的態度，因為這些人有社會名望，任由他們顯得寬宏大度，而且這些人拒不從政，也就是在家呆著，並不形成反對勢力，對政權構不成威脅。

這些文人出於民族和政治立場，不懼怕清廷的權威，其是非曲直不說，表現出的風骨和氣節是令人讚歎的，這實際上就是文人的秉性。

既便如此，康熙時期的文字獄，也有十幾次之多。知名的有戴名世案，此人自幼聰慧，喜讀史書，晚年寫了《南山集》，記載了南明諸王的史實，並採用了同鄉方孝標的一些史料。他主張以桂王死後的第一年作為清的定鼎之年，被人告發以誹謗朝廷而被處死，滿門抄斬，他所引用史料的方老先生雖然已經作古，但家人也沒逃厄運。清代文字獄起於康熙，以言治罪，禍從口出，稍有不慎，便會引來殺身之禍。從此看出專制制

度的殘忍，也能看出專制制度的虛弱。

康熙明白，要想征服一個民族，鐵騎和刀槍固然重要，但最終能征服人的是文化，更何況是一個文化相對落後的民族去征服具有悠久文化傳統的民族。康熙讀書非常刻苦，也特別喜好，涉獵的範圍從中國的四書五經、詞章、曆算到西方的天文、地理、醫學、幾何等都進行研讀，最下功夫的當數儒家的經典。他從年輕時就到太學祭奠孔子，讓禮部為他舉辦講習四書五經的「經筵」，即使在平定「三藩」時也沒有停頓。他對程朱理學非常推崇，把其作為制定政策、駕馭群臣、教喻百姓的理論基礎。除此，他能詩善文，寫得一手好字，歷史知識特別淵博。

康熙對待國外那些「洋玩意」也很感興趣，還特別有悟性，他專門請外國的一些傳教士教他，對天文學、數學等學科還鑽得挺深，很有心得，對傳播西方的科學技術起到了很好的作用。他非常喜歡西洋的藝術，曾經學過西洋樂理，還能演奏；他仿效國外，在宮廷中建有供畫家、雕刻家、製造鐘錶和天文儀器工匠研究的科學院，對西洋繪畫有很高的欣賞水準。康熙很樂意接受外來的事物，但很大程度上是出於個人喜好，並不預示着他主張對外開放。

康熙為政相當勤勉，從八歲即位到六十九歲病故，執政長達六十一年。他平時有奏必簽，絕不請人代筆，即使勞頓和生病也是如此。他汲取明亡的教訓，注意節儉，清代宮廷所耗費的銀兩比明朝要少得多，所有行宮都不做特別的裝修，「明代一日之費，可抵清一年之用」，此話雖有些誇張，但反映出了康熙反對奢侈、力主節儉的態度和品格。

康熙從政後，着力發展經濟。在恢復農業生產的同時，提出了「恤商」、「利商便民」的口號，禁止關津渡口對商人徵收繁多的雜稅，不許官吏克扣勒索商人等。同時他廢止了禁海令，在廣東澳門、福建漳州、浙江寧波和江南雲台山設立海關，對外國商船實行減免商稅的政策，與南洋、歐洲、日本發展貿易。他鼓勵絲織業、放寬對採礦業的限制，使經濟出現空前的繁榮。但是康熙五十五年（1716年），他重下禁海令，關閉了中國的大門，奉行閉關鎖國的政策，這也為清末的落後挨打埋下了伏筆。

傳嗣立儲
優柔寡斷

康熙十四年（1675年），康熙立皇二子允礽為太子，當時他還不滿兩歲，因為是中宮孝誠仁皇后所生，所以捨長立嫡。康熙對允礽下力量培養，專門配備教師，經常攜其出巡。允礽聰明伶俐，勤奮好學，能文能武，但其從小嬌慣，自恃太子，非常放縱任性，不把長輩和周圍的人放在眼裡。康熙自然不能容忍，康熙四十七年（1708年），在去木蘭圍場秋獵途中，康熙突然當眾宣佈廢掉太子允礽。此前康熙曾拘禁並處死了親附允礽的重臣索額圖。康熙說允礽品行不端，與索額圖朋比為奸，不廢掉他難免「今日被鳩，明日迀害」，很可能會重演隋文帝的悲劇。說到此康熙聲淚俱下，心情十分複雜，連續六天六夜沒有安睡。

這時其他的皇子都已逐漸長大，看到太子被廢，紛紛招攬門客，結交權貴，開始對準皇位進行爭奪。其中尤以八子允禩迫不及待，授意朝臣推舉他為太子，結果受到康熙的訓斥。允禩生怕老爺子回心轉意，復立允礽，便伺機謀害長兄。事情敗露，康熙怒不可遏，拔出劍來想殺了允禩，幸虧五子允祺把父親死死抱住，苦苦哀求，允禩才免於一死。經歷此事，康熙痛心不已，平日的聖明都不見了，揪心地說：「等我百年之後，你們必定把我的屍骨丟在乾清宮內，只顧自己束甲相爭去了。」下來該立誰呢？一向處事決絕的康熙全沒了主意。

這時康熙進行反省，是不是當初廢允礽有些草率？是否聽信了某些人的諂言？不免又有些後悔起來。康熙四十九年（1710年）三月，一方面他覺得允礽有了悔過的表現，另一方面主要想斷了其他皇子想當太子的欲念，復立了允礽。可到康熙五十一年（1712年），他又因允礽「行為乖戾」、「大失人心」而再次將其廢掉，永禁在咸安宮內。康熙的英明卓著算是徹底毀在這件事上了，心力交瘁，備受打擊，大傷自尊。

進入晚年，康熙的身體已大不如前，按理說對「傳嗣」之事應甚感急迫，但康熙卻不願再提此事兒，也不許大臣們再行議論，誰要再提立嗣之事，

清聖祖
玄燁

便加以訓斥，甚至要動刀戈。不知是否像有些史書中所說康熙早有安排，將「傳嗣」的命詔放在了「正大光明」大匾之後，反正他至死也沒有再當眾宣佈過太子的人選，給後世留下了一個千古謎團。

康熙六十一年（1722年）十一月，康熙病逝於暢春園，謚合天弘運文武睿哲恭儉寬裕孝敬誠信中和功德大成仁皇帝，廟號聖祖，葬於河北遵化清東陵之景陵。

工於心計的胤禛

清世宗
雍正

1723-1735

清代最令人稱道的是「康乾盛世」，康熙和乾隆兩位帝王執政時間長，個人名望高，備受後人的推崇和稱讚。而處於兩朝之間的雍正朝，則不太為人們所稱譽，其原因很大程度上在於雍正是一位頗受爭議的皇帝：其繼位撲朔迷離，給後人留下了種種猜測和推斷；為政專制、嚴酷、奸詐、殘暴；而其勤政、倡廉、用賢、愛民等，又為後人所稱道。

清世宗雍正像

胤禛（雍正）行樂圖

胤禛（雍正）行樂圖

處心積慮
真偽莫辨

人們對雍正議論最多、也最充滿爭議的是他繼位的過程。雍正生母吳雅氏是滿族正黃旗，原本是個宮女，外祖父是清軍中的一個下級軍官。康熙十七年（1678年）十月，胤禛降臨人間，是康熙的第十一個兒子，因前面有好幾個夭折，他排行第四。

康熙一生共有三十五個兒子，長到成年且受冊封的有二十人。胤禛與其他皇子一樣，在榮華富貴中長大，滿六歲便開始進入尚書房讀書。康熙對皇子的學習要求甚嚴，課程包括滿、漢、蒙文，儒家經典以及兵法、武藝。雍正經過嚴格、正規的皇室教育，很好地掌握了文化知識和騎射技能，具有強健的體魄。他多次隨父親出外打獵、巡視、參加祭祀孔子等活動，隨軍征討噶爾丹，豐富了自己的閱歷和處事的能力。

按照胤禛在皇子中的排位，既非長也非嫡，母親在父親那兒並不得寵，所以，他從小養成了一種內斂、謹慎的性格；在眾多的皇子當中他並不怎麼顯眼。但他的內心卻很有抱負，做事很勤奮，且很有心計，這就形成了他謹言慎行、壯志於胸的處事風格。按理說立儲傳嗣的事情跟他關係並不大。但他卻不放棄，暗自努力，可表現得很低調、隱蔽，從後來的結果看，他成功了，而且是在先決條件很差、可能性極低的情況下成功的。

康熙十四年（1675年），康熙立二子允礽為太子，因其為孝誠皇后所生，而長子允禔為庶生，故捨長立嫡。允礽原叫胤礽，允礽是雍正即位後為避名諱而改。允礽立儲後，康熙下力量培養，讓他參與許多政務活動，並給予相當的權力。但他似乎並沒有按照父皇所期望的方向成長，他的母系一族背景又很深，母后的祖父是當初輔政的四大臣之一索尼，父親是領侍衛內大臣噶布喇，叔父是當朝大學士、領侍衛內大臣索額圖，這些人依靠允礽太子的身份發展實力，大行其道，允礽也自恃儲君集結力量，擴充黨羽，引起了康熙的反感。康熙先是下令處死了陰謀「作亂」

的索額圖，又於康熙四十七年（1708 年），在木蘭圍場的布林哈蘇台行宮以「不法祖德，不遵朕訓，惟肆惡虐眾，暴戾淫亂」為由廢掉了允礽的太子位。

允礽被廢喚醒了諸皇子爭儲的欲望。胤禛在這場爭鬥中顯示出了很高的才能和智慧。他清楚自己缺少當太子的理由和條件，所以維護允礽為儲。允礽被囚後，康熙令胤禛參與對他的監視。康熙派人將廢太子的告天文書給允礽看，允礽很氣憤，也覺得很委屈，說我當太子是父皇決定的，父皇要廢就廢，何必告知天下；我是做過一些壞事，但絕沒有謀弒之念。他請同為監視他的長子允禔向父親轉奏，允禔向康熙只說了前面的話，卻沒有提後面所講，目的是激起康熙的火而落井下石；胤禛則將允礽的前後所言都向父親稟奏，使康熙的火氣有所消解，下令去掉束縛允礽的鎖鏈，同時誇獎雍正深明大義，氣量過人，「以此居心行事，洵是偉人。」這件事下來，胤禛得到了「加分」。

康熙因廢太子一事心力交瘁，得了一場大病。諸皇子都忙於經營自己的勢力，很少關心父皇的病，只有胤禛和老三允祉在父皇的床前問醫餵藥，噓寒問暖，伺候得很周到，康熙很滿意。這樣雍正又得到了加分。在復立允礽為太子時，康熙加封諸子，胤禛和允祉被封為親王，超過了允禩等人。但雍正仍然很低調，絲毫不露鋒芒，同各方面都保持着良好的關係，關心允礽，同時也與允禩有事沒事地走動，在父皇面前只說其他兄弟的好話而不講壞話，很得父皇的好感，在兄弟中也有個好人緣。他受封親王後，曾上奏要求降低世爵，提高其他兄弟的地位。

在中國的歷史舞台上，上演過無數爭奪皇位的劇碼，獲勝的往往並不是那些才華橫溢、血氣方剛、長於表現的角色，倒常常是些隱而不露、工於心計的人物。

允礽的復立並沒有改變他的本性，康熙終於忍無可忍，於康熙五十年（1711 年）再一次廢掉了他，處置了多名太子黨人，並宣佈不再立太子，說大清向無立太子的慣例，不立亦不為過。

這下又重新燃起了諸皇子爭儲的激情，允礽並未放棄，允禩大行其道，三子允祉也有了想法，十四子允禵也冒了出來。允禵與胤禛是一母同胞，聰明好學，精明強幹，康熙很喜歡他。康熙五十七年（1718年）三月，康熙將其由貝勒直接升為王爵，任命為撫遠大將軍，全權負責西北軍務。這年他三十歲。允禵在西北充分展示出領軍的才能，平定了西藏，對策妄阿拉布坦用兵有了很大進展。看來，允禵是康熙立儲的目標之一。但要說康熙就選定了他，似乎理據並不充分，尤其他遠在西北，如果讓他接替皇位是十分不利的。

胤禛在此種情況下頭腦很清醒，他看到允礽不可能再復起，允禵、允禩和允祉似乎在父皇那兒印象都不太好，而自己在其他皇子中居長，處於了一個比較有利的地位，有了很大的希望。但這只是理論上的，離現實還有着非常大的距離，必須靜觀形勢，慘澹經營，如果稍有閃失，就可能失去機會，厄運臨頭。胤禛在表面上超脫塵世，沉溺佛理，暗地裡卻加緊活動，建立起自己的親信人馬，其中有步軍統領隆科多、川陝總督年羹堯等朝廷大員。

允礽二次被廢後，康熙對胤禛很器重，許多重要的國務活動都讓他參加，包括對太子黨的審判、議定西北軍事、代父皇安葬皇太后、出席在盛京舉行的父皇登基六十周年大祭、祭祀太廟、圜丘、處理一些突發事件等。康熙晚年喜歡住在暢春園，將周圍的苑園賜給各皇子，給胤禛的是離暢春園最近的圓明園，在熱河避暑山莊胤禛所分得的獅子林也離父皇最近。

康熙六十一年（1722年）十一月七日，康熙病了，冬至的祭天禮由胤禛代行。十三日，康熙在暢春園召見胤禛，在其未到之前，康熙向在病榻旁的允祉、允祥、允禩和隆科多等人交待由胤禛繼承皇位。胤禛到後，向父皇問安，康熙告其病情，胤禛進行勸慰。晚上，康熙溘然長逝。雍正嚎啕痛哭，隆科多口頭宣佈康熙遺詔，命胤禛即位。他當即驚慟昏倒，經眾人喚醒後強撐着安排父皇的喪事。當晚將康熙的遺體運回後宮，次日封允禩等人為王，召允禵回京，關閉京城九門，向天下頒佈遺詔。二十日他登上皇位受百官朝賀，宣佈繼承父皇的一切法規，呼籲皇室團

胤禛
清世宗

結，諸兄弟一體，共圖清朝萬世之固。

當然，這都是正史所言，後人對此莫衷一是。無非是兩種說法：一是尊詔繼位，二是改詔篡位。前一種說法有《康熙遺詔》為證，據說現存於中國第一歷史檔案館，詔旨：「皇四子胤禛，人品貴重，深肖朕躬，必能克承大統，着繼朕登基，即皇帝位。」後一種說法就五花八門了，說是雍正害死了父親，康熙是喝了雍正送來的人參湯而斃命；康熙遺詔頒佈的過程全為雍正捏造，根本不合情理；康熙藏在匾額後面諭旨指定的繼承人為十四子允禵，他篡改為四子，允禵在父皇壽誕時送死鷂鷹是他栽贓等等。當然有人逐條反駁，實際上這些事情是說不清楚的，也沒必要說清楚，因為專制必然伴隨着陰謀、欺詐、虛偽和殘忍。

清除異己
掌控朝政

雍正繼承皇位，並不是那麼理直氣壯、眾望所歸，而是充滿着非議、詆毀和攻擊。所以，他稱帝後首先要解決的是對他的不滿、不服以及危及皇權的問題。他爭儲時，看上去謙讓、迎逢、平實、低調，而登基後，則立刻變得冷酷、無情、殘忍和暴虐。

對他最為不滿的當然是那些皇子們。皇子中情緒最大的是皇八子允禩，他傲氣十足，當初允礽被廢後就是他鬧得兇，這次也是最不安定的因素。雍正知道必須先穩住他，於是，在即位的第二天就封他為親王，同時讓他和允祥（皇十三子，與雍正的關係最好）、隆科多以及允禩的親信馬齊一同為總理事務大臣，辦理一切朝政事務，同時任用了允禩的一些親信人物。雍正此舉確實高明，允禩的手下人個個喜出望外，彈冠相慶，但允禩心裡卻隱隱不安，對人說：「皇上今日加恩，焉知沒有明日殺頭之意？」看來還是他瞭解哥哥。

允禵是雍正的同胞兄弟，當初也是皇位的有力競爭者，而且盛傳康熙遺詔欽定他為皇位繼承人，很受人們同情。康熙駕崩雍正把他從西北召回參加父皇的葬禮，允禵到父皇的靈柩前哭得一塌糊塗，百感交集，見到雍正只是禮節性地叩了個頭，雍正出於兄長之情上前去扶他，他卻根本不予理睬，弄得雍正很下不來台。據此，雍正斥允禵「氣傲心高」，削去了他的王爵，只保留貝勒的封號。過了一個月，雍正與諸皇子到東陵安葬父親，令允禵留下看守父陵，實際上是將其囚禁，幾個親信也被收拿治罪。

雍正的母親吳雅氏知道雍正對自己的胞弟如此絕情，傷心不已，沒幾天便氣極而死。有人說是老人家提出要見允禵，雍正不允，吳氏一怒之下撞了鐵柱子，所以，史傳有雍正弒母的說法。為了安慰母親，也是減輕自責，雍正封允禵為郡王，但仍因在遵化，其妻子也染病而亡。

皇九子、十子支持允禵，對雍正稱帝心懷不滿，雍正將哥倆兒一個發配到西北，一個囚禁於京師，將被廢太子允礽、老大允禔也囚禁到不同的地方，讓這些兄弟們各居一地，相互不能聯絡，派人嚴加看管，失去了對皇權的威脅。允䄉雖得善待，但整日惶恐不安，知道雍正早晚會收拾他。果不出所料，雍正四年（1726 年）正月，雍正羅列了允䄉的種種不法，將其降為民王，圈禁高牆，賜名「阿其那」，意為狗；九子允禟被賜名為「賽思墨」，意為豬。長子允禔、十子允䄉先後不明不白地死於禁地，只有允禵算是「命大」，雍正給這位胞弟留了條生路，一直活到了乾隆二十年（1755 年）。至此，雍正算是徹底把兄弟們給收拾完了。

年羹堯和隆科多是雍正藩邸的舊人，鞍前馬後跟隨雍正多年，為他稱帝出了大力。年羹堯是雍正的大舅子，妹妹是雍正的側福晉，封為貴妃，雍正即位後封年羹堯為一等公，接替允禵總攬西北的一切事務；隆科多是康熙生母的侄子，康熙孝懿仁皇后的弟弟，與雍正是舅甥關係。康熙死時，隆科多傳遺詔由雍正繼位，治喪期間提督九門、衛戍京師，雍正即位，封隆科多為公爵，任總理大臣兼管吏部、理藩院，同時擔任步軍統領，領太保銜。年、隆二人權力非常大，他們甚至可以自己選官。雍

正對二人很賞識，也非常信任，誇隆科多是「當代第一超群拔類之稀有大臣」，說年羹堯是他的「恩人」。這兩人是雍正王朝初期的核心人物，與允祥一起在雍正的領導下共同支撐着政權的局面。

但過度的權力使得年、隆二人逐漸膨脹起來，專橫跋扈，觸犯到雍正的權力和尊嚴。其行為主要有三：一是把持選官，隆科多在吏部，年羹堯在西北任用官吏都是一人說了算，別人無權干涉；二是收受賄賂，能決定用官自然就有人行賄，二人借此大發其財；三是妄自尊大，這是最致命的，他們仰仗着雍正的寵信，根本不把文武百官放在眼裡，往來儀制、文書呈報時有越界，對雍正也不夠恭敬。有人開始彈劾二人，雍正也早有察覺。

雍正三年（1725年）二月，有所謂「日月合璧，五星連珠」的瑞符，大臣們都上表祝賀。年羹堯也上一表，頌揚雍正勵精圖治，但把「朝乾夕惕」誤寫成「夕惕朝乾」，雍正便以此為把柄說年「自恃己功，顯露其不敬之意」。接着不斷斥責他，讓其交出撫遠大將軍印，調任杭州。這時對年不滿的官員紛紛上疏揭發他的罪行，雍正先將其親信一個個治罪，後於九月下令逮捕了年羹堯，列其十二項罪行，其中應服極刑和立斬的就有三十多條，雍正令年羹堯自裁，將其家人發配到邊地充軍，家產盡沒。

雍正四年（1726年）正月，雍正以「私藏玉牒」罪逮捕隆科多。玉牒是皇室的家譜，除宗人府衙門旁人不得私看。隆科多不知從哪兒弄了本藏在家裡，被人告發。雍正借題發揮，定了隆氏四十一條罪，圈禁革爵，追奪家產，子女發配黑龍江當差。

雍正是個心性極高的人，他爭奪帝位，並不像有些人看重的是安逸和享樂，而圖的是幹一番事業。

康熙末年，朝政日漸鬆弛，官員腐敗，國庫空虛，社會矛盾重重。雍正當皇子時就十分清楚。他在頌德康熙時曾說過，他事事不如父皇，惟有知下情方面比父皇強一些。他即位後決意要扭轉此種狀況，而扭轉的關

鍵則在於吏治。他說：「吏治乃一篇真文章也」，他決心要做好這篇文章。

錢糧虧空是當時的一個大問題，主要原因是官員貪污挪佔。雍正即位，內閣起草登基恩詔，開列出豁免官員錢糧虧空一條，雍正當即勾去，他決不能寬恕官員的腐敗，那樣無疑是自毀政權的根基。他在稱帝的當年，就給戶部下令全面清查積欠的錢糧，所出虧空不管什麼原因三年內必須補齊，且不許苛派於民間。因上司勒索及公用者分別處置，屬於侵佔貪污的在賠補之外還要懲辦。隨即，在朝廷設立會考府，由允祥、隆科多負責查辦。

會考府相當於現在的審計署，各地都有分支機搆。結果查出戶部虧空二百五十萬兩，雍正責令戶部歷任官員賠付一百五十萬兩，另一百萬兩由戶部逐年補足。清查中涉及的高官決不姑息，許多郡王、貝勒不得不變賣家產補虧，雍正下令抄大貪官的家，以家產抵空。地方清查動作也挺快，眾多被查出的官員被革職，不少省被革職的官員竟達到三分之一，有的將近一半。社會上盛傳雍正「好抄人家」。清查取得了巨大成果，在三年期間基本上清理了康熙以來的所有積欠，充實了國庫，打擊了貪官。

當時一品官年俸一百八十兩銀子，七品官四十五兩，靠這點兒俸銀連養家糊口都不夠，還要送往迎來，年節應酬，打點上司，也確實有其難處。官員不可能守着金飯碗受窮，必然會琢磨出生財的辦法：地方官在徵收賦稅時加收「火耗」，即徵銀時將碎銀溶化鑄錠的合理耗損誇大而中飽私囊。

「火耗」之徵危害多多，有的地方一兩正賦要加四五錢耗損，如果任其發展，貽害無窮；但禁止又將斷了各級官員的財路，在某種程度上也是斷了其生路，雍正需要慎重對待。雍正三年（1725 年），湖廣總督楊宗仁提出「火耗」由國家規定數額，一部分劃歸省裡，一部分給地方官。此意見得到雍正的讚賞。不久，山西巡撫諾岷提出將全部火耗均交省裡，一部分抵虧空，一部分給官吏作「養廉銀」。雍正批准在山西試行，之後又擴展到河南。地方官對此很有意見，朝廷也議論紛紛，但雍正當機立斷實行「火耗歸公」，規定火耗徵額各地依情況而定，但只許減少，

不能增加。結果各地火耗率普遍降低，但各級官員卻獲得了數量不少的「養廉銀」。

雍正懲治腐敗取得了不俗的成果。清查虧空、火耗歸公、實行「養廉銀」等既限制了地方官肆意加派，同時還使朝廷和地方財政增多，可謂一石多鳥。他並沒有只拿幾個貪官開刀，而是從制度入手，應當說眼光高遠。

雍正登上皇位，對行政制度進行改革，制定了兩項重大措施：一是完善了密摺奏事制度，二是創立了軍機處。

朝廷的公文往來主要有題本和奏本，題本即官員因公的奏章，加蓋官印，類似於現在的公文；奏本是個人報告，不用公章。二者皆由通政司呈送皇上，要先經內閣看，然後再送皇上。所以，這兩種文本實際上都是公開的，也就造成了許多官員不敢講實情，皇帝也無從知曉實情。康熙年間曾採取過補救措施，即秘密奏摺，但當時能使用密摺的人很少，沒有形成固定的制度。

雍正上台後覺得密摺是瞭解下情很好的辦法，於是擴大了使用的範圍，先是授予各省的督撫，後又擴展到提督、總兵官、布政使、按察使和學政官員，一些中下級官員經雍正特許亦可密奏，臨時差往地方的官員亦有此權，雍正朝前後擁有此項權力的多達一千多人。密摺的內容主要有三：一是與大臣商議國家和地方政務；二是地方吏治的通報和處理；三是下情上達，包括年景、災禍、治安、人事等各個方面。密摺的送達有嚴格的規定，保證不得洩密。

雍正七年（1729年），西北對準噶爾用兵，為了及時處理軍機大事，雍正在養心殿附近設立了軍機處。軍機處不是一個衙門，沒有屬員，只是個臨時性的機構，內設軍機大臣和章京。官員都不是專職，是臨時抽調而來，軍機大臣負責處理各種軍機事務，章京則負責文字秘書類的工作。雍正有事就召見軍機大臣，諭旨由軍機處下發，軍機處開始主要辦理西北軍務，後來用以辦理所有軍機事務，在某種程度上代替了內閣，成為朝政的中樞，內閣只能辦些日常性事務。軍機處除了承命辦事，還

為皇帝出謀劃策、提供諮詢、參與議政等，權力非常了得。軍機大臣都是雍正挑選，皆為他的親信，直接秉命於他。

密摺奏事和軍機處的創立使得雍正通過特殊的手段牢牢地掌控了國家的一切權力，極大地加強了皇權，而且手段很「高明」，並沒有像明代設錦衣衛一類的特務組織，卻能收到其所能達到的實際效果。

勤於政事
積勞成疾

雍正是一個很難評價的人物，他陰險、狠毒、暴虐，害了很多人，做了一些隱秘難辨的事兒，加上他繼位的非議，在歷史上名聲並不好。可他又是個事業心很強、關心百姓、任用賢能、勤於治政的皇帝，在位期間，明察世象，勤勉敬業，一心在政務上，操勞一生，忙碌一生，最後是活生生累死在皇位上。

雍正專心政務，凡事兒都要弄個究竟，想出解決問題的辦法。為了增加國家收入，雍正出台了「攤丁入畝」的稅制改革。自清以來的賦役分為田賦和丁稅，田賦以土地為準，丁稅則按人頭徵收，「攤丁入畝」即不再以人頭徵收丁稅，而是攤入到田中，田畝多則多繳，少則少納，沒有田產的就可以不納賦稅，減輕了小民的負擔，在一定程度上維護了社會的公平，國家的賦稅也有了保證，具有經濟和人本的雙重意義。它是明末張居正所提出「一條鞭法」的具體實施，在我國稅賦改革史上具有重要的意義。

再就是發動對西北準噶爾部的征討。西藏、青海地區的蒙古人在康熙時已歸順清廷，但經準噶爾挑動，青海的羅卜藏丹津發動叛亂，雍正下旨平叛，取得了勝利，在青海設辦事大臣，改西寧衛為西寧府，下置州縣，直接隸屬中央。雍正五年（1727年），西藏地區發生阿爾布巴叛亂，雍正令川、

雲駐軍進藏征討，平定叛亂，在西藏設立駐藏大臣，留兵防守。

西南雲貴地區為少數民族聚集地，明代以來施行土司制，即由少數民族頭領自治。這些頭領世代承襲，對當地人有絕對的威權，相互之間為爭奪土地、山林、人口而戰，有時聯合起來反叛朝廷。雍正按照雲貴總督鄂爾泰的建議，實行「改土歸流」，設立府縣，派遣流官管理，進行戶口、田畝清查，給忠於朝廷的土司以榮譽世職，妥善安置。到雍正八年（1730年），雲貴的「改土歸流」基本完成。

清室入主中原後，在漢族當中一直存有反清情緒，反清活動持續不斷。反清多打着明室後裔的旗號，以「朱三太子」最為著名，康熙年間多次起事，直到雍正七年（1729年），山東還有人冒稱明代後裔起事。雍正對此採取了兩種策略：一是訪求明朝宗室，封給爵位，承擔明朝諸陵的祭祀；二是嚴密防範，堅決鎮壓，特別是江浙、閩廣等地。致使反清的活動轉入地下，變為秘密結社。雍正年間又破獲了江南甘風池以「朱家後裔」為號召的反清結社、山凱撒州翟斌如「謠言聚眾案」、山東東平牛三花拉「傳播空宗教案」等。

為肅清反清活動，雍正嚴密監控思想文化動向，發現對清不利的苗頭，立即進行打擊，嚴懲不貸，這就是後人所說的「文字獄」。其中最為著名的是呂留良案，年羹堯被黜後，岳鐘琪接替川陝總督一職，岳是雍正的寵將。湖南彬州有個叫曾靜的秀才，對清頗為不滿，認為岳鐘琪能實現他的目標，便派學生張熙到西安找到岳，說岳鐘琪是岳飛之後，與女真有不共戴天之仇，滿清是女真之裔，以夷變夏，暴虐無道，要岳興兵為族報仇。還說雍正繼位不正，是篡親弟弟的皇位。岳假意應承，立將此事奏報雍正，雍正讚賞岳的忠誠，馬上派人到湖南審理曾靜。曾招供說他的思想受浙江呂留良的影響，並供出他所認識呂的學生多人。雍正立刻命人將這些人帶到北京審訊。

經過嚴密的審訊，得知曾靜的言論輾轉來自允禩、允禟身邊的太監，呂留良為浙江石門人，順治初年的秀才，後絕意仕進、專意著述，強調「華夷之分，大於君臣之義」，教人站穩民族立場，他不承認清政府，拒絕

做官，為避免糾纏，削髮為僧。呂於康熙二十二年（1683 年）去世，其學生嚴鴻逵、嚴的學生沈在寬繼承他的思想，主張恢復漢人天下。曾靜曾讓張熙去江南搜求呂氏遺書，與嚴、沈相識。

雍正搞清楚事情的來龍，不斷發出上諭，逐條批駁曾靜的誣衊：不應以地域、民族區分君主好壞，「德」應當成為評判的標準。清建立以來開拓華夏疆土，創造太平盛世，甚有功績。清的天下得自於李自成賊寇之手，並不是得自於明朝。華夷無別，皆為天之子孫，只要能將中國治理好，就是堯舜一樣的好君主。這番話拋開民族立場，應當說有理有據，循循善誘。

雍正七年（1729 年）九月，雍正下令將其上諭編輯成冊，附上曾靜的口供和所懺悔的《歸仁錄》，成《大義覺迷錄》一書，發往全國各州府縣學校。曾靜在懺悔中盡頌雍正的功名，說其正位於康熙，愛民、勤政等等。十月，雍正將曾靜、張熙免罪釋放，令其到反清情緒較盛的江浙地區去現身說法，宣講雍正的德政。而對呂留良等人則嚴厲處置，焚禁呂氏著作，將呂和嚴鴻逵開棺戮屍，沈在寬和呂的兒子被斬，其餘子孫發寧古塔為奴，家產充公。案中牽扯到的人，包括刻書人、藏書人等皆斬。

雍正埋頭政務，幾乎把全部精力和心血都放在了理政上，事事躬親，件件細琢，殫精竭慮。他是一個非常勤奮、敬業的皇帝，縱觀中國歷史，他的勤政堪稱享譽於世。他自詡「以勤先天下」，幾乎沒什麼愛好，整日理政，終年不息，是典型的「工作狂」。他很少巡遊，不狩獵，不喜聲色，人們遊覽名山大川，很少能見到他的墨跡。人們對此有過分析：一是他政務繁忙，脫不開身，當然像他那種幹法兒也不可能脫得開身；二是體質差，整日忙碌必然影響到身體，精氣神不足，跟康熙、乾隆祖孫倆沒法比；三是不放心，人都說他是篡位，自己出去了怕後院起火；四是不擾民，巡遊怕給地方添麻煩，人吃馬餵消耗太大。一個皇上能替地方和下屬如此着想，也真夠不容易了。

不出巡就一天待在家裡批奏摺，夜以繼日，加班加點。他批奏摺可不像有些皇帝只是「聞知」了事，而是要寫出明確的意見，一寫就是幾十上

胤禛
清世宗

百字，有的則要上千，是一項非常繁重的腦力和體力勞動，而且他從來不委以他人代筆。雍正朝現存的漢文奏摺有三萬五千餘件，滿文奏摺六千六百餘件，共達四萬一千六百餘件，他在位十二年零八個月，即四千多天，算下來平均每天要批閱奏摺十件以上，有人統計過，他每天朱批的文字要達到四千字以上。

這麼個幹法放到誰身上也受不了，雍正七年（1729 年），雍正曾大病過一場，兩年後才恢復。雍正十三年（1735 年）八月二十一日，他在圓明園感到身體不適，但沒休息，照常理政，第二天晚上病情加重，急忙召來兒子弘曆和親信大臣諭及後事，二十三日子時，雍正溘然長逝。

關於雍正的死因有不少種民間傳說：。但似乎每一種說法史料根據都不足，雍正的死跟其繼位一樣又成為了歷史的「謎團」。他死後諡敬天昌運建中體正文武英明寬仁信毅睿聖大孝至誠憲皇帝，廟號世宗，葬於保定易縣太平山下的泰陵。關於他沒葬於遵化清室祖陵而另擇他地，人們又議論紛紛，有人說是他陰謀篡位，死後不敢見父皇，也有的說他選址靠近石料產地，是為省儉民力，看來雍正命中註定是要與「謎團」相伴了。

儒雅風流的弘曆

1736-1795

乾隆是人們非常熟悉的帝王，不僅文武兼備，而且風流倜儻，特別是近年來有關他的影視、文學作品，將他描繪成為了游刃於正義與邪惡之間的聖人。他對漢文化十分喜愛和精通；治政不像前輩那樣勤奮和專注，倒是帶有着幾分隨意和灑脫；情感也不再是粗線條，時常表現得纏綿和飄逸。

清高宗乾隆像

弘曆（乾隆）射獵圖（郎世寧繪）

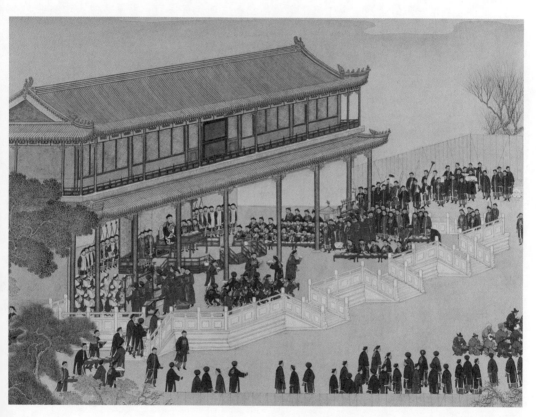

弘曆（乾隆）紫光閣賜宴卷局部（姚文瀚繪）

天之驕子
身世迷離

話說雍正吸取康熙朝的教訓，創立了「秘密立儲」制，即皇帝生前選好皇位繼承人，但並不對外公佈，而是將詔書經密封置於乾清宮的「正大光明」匾後，待皇帝身後在眾人的監督下取出，確立皇嗣。

他於雍正元年（1723年）就立下諭詔，放到了大匾的後面。不管這種制度是否合理，在什麼背景下產生，至少它可以避免康熙末年眾皇子打作一團的情況出現，也比單純的立長立嫡能選擇到相對優秀的人才；還有一點，就是由皇帝欽定，後繼能夠忠於前政，不至於引發過多的混亂，當然也符合雍正做事隱秘的風格。

乾隆無疑是這一制度的首位獲益者，如果不把他的父親雍正計算在內，而且也不像其他皇帝傳位時那麼紛亂多多，議論不止。從這一點上講，雍正辦事相對周密、穩妥。而且乾隆從一出生就顯現出了貴人之像，深受爺爺康熙的喜愛，甚至有人說康熙之所以傳位給雍正，很重要的一點就因為他是乾隆的父親。

後人對乾隆繼位並沒有什麼異議，才智超群，眾望所歸。但對他的身世卻有着種種不同的說法，而這又是文學作品所津津樂道的話題之一。正史說他是雍正的第四子，生母是鈕祜祿氏，滿族；至於演繹、傳說可就多了：有的說他的生父叫陳世倌，人稱陳閣老，浙江海寧人。陳閣老的夫人正好和鈕祜祿氏一同臨產，鈕氏生的是女兒，陳老的夫人生的是兒子，結果被宮內人掉包，換來陳老家的兒子即後來的乾隆。甚至有人說乾隆一生六下江南，為的就是去祭他的生身父母。

這些說法都無真憑實據，但也不能全貶為無稽之談，任何事兒都不可能空穴來風，宮闈之中總是充滿着隱秘。這在很大程度上還是出於人們對乾隆的偏愛和善意的推斷。乾隆作為一世英主，人們自覺不自覺地將其神話，編造出許多故事，而這些故事又總與自己生活的地方、與民族的

弘曆
清高宗

感情相連。如果要換成別的人物，可能也就沒有人去編了。史學成於府邸，而故事則源於民間，老百姓不可能去進行嚴謹的考證，但其中融入的感情卻是真摯的。

從演繹和傳說中回來。不知是乾隆太過出眾，還是其他皇子都相對遜色，沒聽說過誰對乾隆構成威脅。他有個哥哥叫弘時，不太安分，但早年即被雍正以「放縱不謹」為名削宗籍，賜死。這說來很奇怪的，康熙的兒子一個賽一個「志向高遠」，而雍正的兒子卻都比較「安分」，看來還在於調教。乾隆從小深得祖父和父親喜愛。雍正十一年（1733 年）被封為和碩寶親王，開始參與軍國大政，雍正常派他作為欽差赴各地秉政，往往都處置得很圓滿。雍正秘密立乾隆為儲、繼承皇位，實際上已是一種公開的秘密。雍正駕崩，他毫無爭議地繼位，成為大清入關後的第四位皇帝，開始了他頗有作為的帝王生涯。

寬猛相濟
文治武功

乾隆即位時二十五歲，稱帝前身為親王，時常被委以重任，實際上已度過了一段「見習」期，所以，正式接手皇權並未感到吃力，相反倒有幾分得心應手。乾隆是一個很具領導才能的人，什麼事該嚴加管制，什麼事兒能放得開手，掌握得很到火候。該兇時兇相畢露，該放時則瀟灑自如，所以，乾隆的皇帝當得很有威嚴，同時也很瀟脫，不像爺爺康熙治政過於寬柔，也不像父親雍正理政太過嚴苛，取兩位長輩之長，加以中和，「寬猛相濟」，成為他執政的風格。

乾隆的「剛猛」首先體現在他對西北、西南及台灣的用兵。他先後發動過十次軍事行動，其中兩次平定西北的準噶爾部，一次平定新疆回部，兩次征服西南的大小金川，一次鎮壓台灣林爽文起義，一次出征緬甸，一次出征越南和兩次出征尼泊爾的廓爾喀，都取得了勝利，他因此自詡

為「十全武功老人」。

蒙古準噶爾首領噶爾丹被康熙擊敗後，其侄策妄阿拉布坦在西北仍擁有很大的勢力，策布死，其子噶爾丹‧策零繼續統領眾部，與清廷為敵。乾隆稱帝遇準噶爾部內亂，乾隆二十年（1755 年），他親率大軍征討，由於形勢判斷準確，分兵而進，準噶爾軍紛紛投降。清軍進入伊犁，將逃往南疆的叛亂首領達瓦齊抓獲。乾隆將其押往京城，但在痛斥其叛亂行徑後赦免死罪，封為親王，得到西北各族的擁戴。但噶爾丹‧策零的外甥阿睦爾撒納降而復叛，乾隆兩年後再次出兵，終於完全清除了反叛勢力。戰爭從老噶爾丹始持續了近七十年。準噶爾部平定之後，維吾爾的首領大、小和卓木回到新疆，策動維族各部反清，乾隆第三次出兵，迫使大、小和卓木逃亡國外。清在新疆設伊犁將軍，在喀什等地設參贊大臣、領隊大臣等，大幅減輕賦稅，西北一百九十多萬平方公里的土地完全置於清廷的控制之下。

乾隆十二年（1747 年）和乾隆三十一年（1766 年），大小金川兩次發生叛亂，乾隆派兵鎮壓。戰爭打得異常艱苦，叛軍負隅頑抗，清軍多次失利，前後共持續了近三十年。在平亂中乾隆先後殺了張廣泗、訥親、阿勒泰等主帥，命阿桂為定西將軍，於乾隆四十一年（1776 年）攻克大金川的最後據點噶爾崖，平息叛亂。索諾木和莎羅奔被俘處死，清改大小金川為阿爾古廳和美諾廳。

西南在雍正實行「改土歸流」後，原土司的勢力仍存在，地方官克扣百姓，苗民發生叛亂。當年雍正猶豫不定，甚至準備接受張照提出的「棄置」辦法。乾隆當政招回撫定苗疆大臣張照，命湖廣總督張廣泗前往貴州料理苗事，經過一年時間平定了苗亂。乾隆在那裡免除苗賦，尊重苗俗，實行屯田，慎選苗疆守令，使得貴州苗疆安定下來。

乾隆五十六年（1791 年），廓爾喀（今尼泊爾）進犯西藏，燒殺搶掠，殘害西藏僧俗民眾。乾隆派福康安和海蘭察率軍迎擊，將廓爾喀逐出西藏。命福康安與達賴、班禪共同制定西藏善後章程，即著名的《欽定西藏章程》。

弘曆
清高宗

乾隆對「武功」甚為得意，很有成就感，親自撰寫了《十全武功記》，命人建造碑亭，以滿、漢、蒙、藏四種文字鐫刻於碑上，昭其功績。但看乾隆的「十大武功」，實際上很有些炒作和湊數之嫌，大小金川是當地藏民族部落間的紛爭，台灣是漢人林爽文的抗暴，此三起都是平息內亂，嚴格講並算不得「武功」；平緬甸、越南和尼泊爾都沒打什麼勝仗，只是將其驅趕；真正稱得上「武功」的只有征服準噶爾，開闢新疆省，而乾隆又將其一分為三，湊足了十全。

乾隆的「剛猛」還體現在對反清思想的嚴厲打擊上，這與康熙、雍正是一脈相承的。在清朝統治者眼中，農民、工匠、商人並不可怕，因為經濟制裁不了政權；也不害怕揭竿而起、舞刀弄棒的草寇，朝廷的軍隊足以應對得了；最可怕的是散佈不滿情緒和「不識時務」的文人。這可能是中國歷代統治者的一貫思路。乾隆深明經近百年的鎮壓，反清情緒已趨於平息，但稍經煽動，還會蔓延開來，乾隆對其他事可以灑脫放手，但對反清情緒絕不掉以輕心。史學把「文字獄」的罪名大都記在雍正、最多還有康熙的賬上，實際上「文字獄」發生在乾隆一朝是最多的，有人統計共有一百一十餘起，佔到整個清朝「文字獄」案的百分之七十。從此能看出乾隆對孰輕孰重的把握，當然其中有不少是牽強附會的冤案，有的甚至就是鬧劇。

乾隆十八年（1753 年），乾隆數次遊歷江南耗資巨萬，江西長淮千總盧魯生假借工部尚書孫嘉淦名義撰寫勸止乾隆再下江南的奏章，辭意悲切，在全國廣為流傳，結果盧魯生被凌遲，兒子被斬首，受牽連的有一千餘人。乾隆二十年（1755 年），內閣大學士胡中藻的《堅磨室詩抄》中有「一把心腸論濁清」的詩句，乾隆指其將「濁」字加於「清」字之上，居心叵測，處斬。廣西巡撫滿人鄂昌跟胡中藻作詩唱和，在《塞上吟》中稱蒙古人為「胡兒」，乾隆指其居心不良，說：「乃近來多效漢人習氣，往往稍解章句，即妄為詩歌，動以浮誇相尚……即如鄂昌，身系滿洲，世受國恩，乃任廣西巡撫時，見胡中藻悖逆詩詞，不但不知憤恨，且與之往復唱和，實為喪心之尤！……倘有託名讀書，無知妄華，哆口吟詠，自蹈囂凌、惡習者，朕必重治其家！」下令讓其自裁。

乾隆二十九年（1764年），秦州知州賴宏典向朝廷官員請託謀求升遷，信裡說「點將交兵，不失軍機」，乾隆認為是明目張膽地謀反，將其處斬。乾隆四十三年（1778年），江蘇東台詩人、原翰林院庶起士徐駿遺著《一柱樓詩》中有「清風不識字，何故亂翻書」；「舉杯忽見明天子，且把壺兒拋半邊」的詩句，乾隆認為「壺兒」即「胡兒」，是誹謗清廷，徐氏被撬棺戮屍，兒孫和地方官員全部被斬首。

乾隆非常賞識內閣大學士沈德潛，作詩常請其修改、潤色，有時還請其秘密代筆。沈德潛死後，乾隆命其家人進呈沈的詩集，發現其將代筆的詩作也收錄其中，很傷「自尊」。詩集中有詠黑牡丹一首：「奪朱非正色，異種也稱王。」乾隆大怒，認為是影射滿族「異種」「稱王」，下令剖棺戮屍。乾隆四十六年（1781年），致仕在家的前大理寺卿尹嘉銓著書自稱「古稀老人」，又有句「為王者師」。乾隆說「我自稱古稀老人，早已佈告天下，他怎麼也敢自稱古稀老人？」結果被絞死。五十多年後，乾隆對康熙時的戴名世案舊事重提，大興冤獄，殺害了七十一歲的舉人蔡顯，株連二十四人。

乾隆的「剛猛」還表現在他對宦官及後宮的管理上。乾隆接受歷朝的教訓，不允許宦官和後宮干預政事，他身邊有個叫高雲的貼身太監，跟他說了幾句外廷臣僚的事，涉及到朝廷事務，乾隆很生氣，處死。他鑒於明代宦官多通於文墨，所以能涉足政事的情況，廢掉了教習宦官讀書識字的內書堂，說：「內監的職責是供使令，略識幾個字就行了，何必派詞臣給他們講文義呢？明代宦官弄權，原因就在這裡。」他將當差奏事的太監一律改為王姓，讓外廷官員不好區分，使其難以相互勾結。乾隆二十二年（1757年），直隸總督方觀承彈劾巡檢張若瀛擅自杖責內監，說其目無皇上。乾隆見奏非但沒有責怪張若瀛，反而說方觀承不識大體，竟連提張若瀛幾級，還為此發出諭旨：凡內監在外滋事，允許外廷官員隨時懲治。

乾隆規定皇后只能管理六宮之內的事兒，不得干預外廷政事。選取歷史上有德行的后妃事例，如「徐妃直諫」、「曹后重農」、「樊姬諫獵」、

「馬后練衣」、「西陵教蠶」等,繪成「宮訓圖」,逢年過節在後宮張掛。宮中舉行宴席,乾隆讓后妃們以「宮訓圖」中的人物為題聯句賦詩。乾隆還非常注意皇子們的學習,要求諸皇子不但要學詩書,還要習練武藝,更要具備先祖的德操。他命大學士鄂爾泰、張廷玉、朱軾做老師,要他們「不妨過於嚴厲,從來設教之道,嚴有益而寬多損,將來皇子長成自知之。」他告諭皇子:「師傅所教,當聽受無遺。」

至於乾隆的「寬柔」,當年雍正為鞏固皇位,把兄弟們整得好慘,到乾隆時這些叔叔、伯伯大都已經故去,家屬也大都不在,乾隆給這些長輩及後代恢復名譽,給活着的取消圈禁,賜予爵位;對當年父皇處置的長兄弘時也取消罪名,重新錄入宗牒。

乾隆還給明末鎮遼名將袁崇煥平了反。乾隆四十九年(1784年),乾隆下詔:「袁崇煥督師薊遼,雖與我朝為難,但尚能忠於所事,彼時主暗政昏,不能罄其忱悃,以致身罹重辟,深可憫惻。」

乾隆對臣屬比較寬容。他登基後面對朝中鄂爾泰和張廷玉兩大朋黨,這兩派勢力都很大,都是前朝的重臣,黨羽甚多,明爭暗鬥,互相傾軋,就連處事果斷的雍正都感到有些無可奈何。因為兩人都有大功於國,雍正特許二人死後附太廟配享。太廟是皇帝家族的祖廟,臣僚能得此待遇是極高並十分罕見的。乾隆上台後明確表示痛恨朋黨之爭,禁止私立朋黨,警告鄂爾泰和張廷玉兩派;同時又對兩派一視同仁,有功即賞,有過必罰,絕不偏袒哪一方,也不過分地重用哪一方。起用官吏,要徵求兩方及其他人的意見,所詢之人必須如實作答,否則輕則訓斥,重則解職。所以,朝中即使有兩派嚴重對立,但都能敬敬業業地效力朝廷。由於乾隆對朝臣的寬容,在統治的後期重用和縱容大貪官和珅,成為他治政的一大失誤和詬病。

生性風流
向慕儒雅

乾隆是一個情感特別豐富、對文化特別着迷、花起錢來大手大腳的皇帝。他天性風流。他對文化、尤其是漢文化有着特殊的喜愛和鍾情，他在詩詞筆墨方面有着很高的天賦，也下了非常大的功夫，一生中共作過四萬多首詩，書法達到了極高的水準，在位期間收藏有大量的瓷器、書畫等藝術珍品。但他做事根本不考慮到經濟成本，揮霍奢靡、暴殄天物，特別是一生中六下江南，將康熙、雍正兩朝積攢下的財富幾乎消耗殆盡。

乾隆即位後，對雍正的圓明園進行擴建，工程完成後，邀太后及后妃、公主、宗室、命婦以及近屬到園中遊玩。其中有位命婦（按：即受封的女子），長得美艷動人。乾隆得知是內務府大臣傅恒的妻子，皇后稱其為「嫂嫂」。

一日，皇后做壽，在坤甯宮設宴，傅夫人進宮祝賀。乾隆早早退朝，趕到坤甯宮入席，席間與傅夫人飲酒吟詩，嬉笑調侃，情致所在，非常投機。自此，傅夫人經常被召入宮，陪皇后散心，日子一長，時常留在宮中歇息。乾隆便找上門去閑敘，一來二去，兩人便暗結連理。傅恒頭戴綠帽，還蒙在鼓裡，可能即使知道了也不敢言語。傅夫人生下一子，滿月時抱入宮中，請乾隆賜名。乾隆見孩子生得強壯，相貌跟自己頗有幾分相像，十分喜愛，賜名福康安。孩子長到八歲，乾隆讓其到御書房與皇子們一起讀書，享受皇子的待遇，十二歲封為貝勒，長大成人，乾隆讓其統領御林軍，有人傳福康安是乾隆的兒子。

乾隆的后妃有四十多人，其中有個維吾爾族女子，人稱香妃，很受乾隆寵愛。香妃是新疆和卓家族的後裔，乾隆二十三年（1758年），和卓家族的一支——霍集占發動叛亂，香妃的叔叔額色尹和兄長圖爾都率部配合清軍平叛，次年，香妃隨圖爾都進京，入宮被封為「和貴人」。香妃不僅相貌出眾，而且身有奇香，傳說他「玉容未近，芳香襲人，即不是花香也不是粉香，別有一種奇芳異馥，沁人心脾。」乾隆對她寵愛有

加，允許按照民族習慣在宮中着維吾爾族服裝，吃清真飲食，還專門為她配備了維族廚役。乾隆三十年（1765 年）春，香妃以嬪的身份與皇后等一起隨同乾隆下江南，遊歷了蘇州、杭州等地；後晉封容妃，又多次隨乾隆遊歷泰山曲阜，到盛京，遊瀋陽故宮，拜謁太祖陵等。乾隆在西苑為香妃修建了一座寶月樓，供其居住。

對於香妃也有另外一種說法，說她是清軍入疆、定邊將軍兆惠俘獲的一回部王妃，將其獻給乾隆。乾隆對她很傾心，納為妃，為其在西苑建寶月樓。但香妃性格剛烈，誓死不從，並身藏利刃，思念家鄉。皇太后得知此事，召見她問：「你不肯屈志，究竟作何打算？」香妃答：「唯死而已。」太后說：「那麼今日就賜你一死。」香妃頓首拜謝，自縊而亡。

香妃死，乾隆悲痛不已，準將其將屍骨運回家鄉入葬，但以當時的運輸條件，把屍骨從北京運到遙遠的南疆是非常困難的，實際上香妃葬在清東陵，新疆喀什的香妃墓只是一座衣冠塚。

乾隆朝的事蹟之一是以紀曉嵐為總編纂，組織戴震、姚鼐和王孫念等三百六十餘人，歷時十五年，編寫而成的我國歷史上最大的叢書《四庫全書》。全書共三萬六千卷，含完整作品三千四百五十部，是明代《永樂大典》的三倍，為我國古籍之集大成。但《四庫全書》有與《永樂大典》攀比的嫌疑，乾隆且借修《四庫全書》之名，搜集民間書籍，對「禁書」則刪毀或改寫，毀掉了大量珍貴的史料。據統計，乾隆一朝禁毀書籍總數為一萬三千六百卷，焚書總數為十五萬冊，遠遠超過了《四庫全書》的數量，這真不知道是在整理文化還是在毀壞文化，無怪乎史學家吳晗感歎：「乾隆修《四庫全書》而後古書亡矣！」

乾隆對書法的品味相當高，他搜求歷代書法名品以及御覽、御批、欽定等，為藏《淳化閣帖》專門建淳化軒，一時帖學之風大盛。乾隆的書法從宮廷書法起步，在承學各家中選定趙孟頫豐圓肥潤的藝法。乾隆的墨跡，楷書中有行書的筆意，行書中又夾雜着草書的韻味，點畫圓潤均勻，結體婉轉流暢。在我國的名勝古蹟幾乎隨處可見乾隆的墨跡，所書御碑甚多，千古流傳。

乾隆一生中的詩作達四萬二千餘首，幾乎能與《全唐詩》相比。他在青少年時代就有很多詩文問世，即位後則興趣更濃，每天公務完畢，幾乎都要吟詩作句，還要邀雅好文學的大臣與他一起作。在位六十年，他共刊印了御製詩五集，後又有餘集。當然，這麼多的詩不可能都是親作，也有的是由詞臣代筆。其詩作題材很廣，以即景詩為多，反映出他的閒情逸致、悠然自得的心情。

乾隆熱衷於古今藝術品的收藏，包括從前輩那兒繼承、收集到的大量稀世珍品，如今北京故宮及台北故宮博物院的收藏很多是乾隆時代的藏品。藏品絕大部分來自於臣僕的貢奉，乾隆二度南巡，沈德潛一次就進獻董其昌、文徵明、唐寅、王鑒、惲壽平、王翬等的書畫七件；以貢品之精備受乾隆青睞的總督李侍堯被抄家，抄出「黃金佛三座、珍珠葡萄一架、珊瑚樹四尺者三株」，都是準備進貢的；和珅獻的金佛更是「長可數尺許，舁入關中」。除臣僕、外國使臣進奉外，還有相當一部分是由內務府製造，現陳於樂壽堂的「大禹治水玉山」，是由內務府交兩淮鹽政督工製作，歷時六載完成，高九尺五寸，重一萬零七百多斤，堪稱玉器之王。乾隆的收藏經鑒賞後加蓋「乾隆御賞之寶」、「三希堂精鑒璽」、「宜子孫」等章，以示珍藏之意，然後分門別類，編印成書，如《西清古鑒》、《甯壽鑒古》、《西清硯譜》、《秘殿珠林》和《石渠寶笈》等。乾隆最得意的是歷代書法名帖，王羲之《快雪時晴帖》、王獻之《中秋帖》和王珣《伯遠帖》三件絕世珍寶藏於大內養心殿西暖閣內，以「三希堂」名之。乾隆四十四年（1705年），乾隆將虞世南、褚遂良、柳公權和馮承素所摹《蘭亭序》的四個真本，《戲鴻堂帖》中「柳公權書蘭亭序」原刻本、于敏中奉旨為這個原刻本填補闕筆的全本、董其昌的《蘭亭序》臨本，以及乾隆手臨董其昌《蘭亭序》本共八種《蘭亭序》本墨跡刻石，名「蘭亭八柱」。

乾隆還非常喜歡園林建築，對父親留下來的「圓明園」進行修繕、擴建，東造琳宮，西增複殿，南築崇台，北構傑閣，變得更加巍峨華麗。又責成各地官員搜羅珍禽異卉，古鼎文彝，陳列園中，設置定時水鐘和噴泉裝置，被譽為東方藝術的博物館；他對承德避暑山莊進行了大規模擴建，

在原康熙所建三十六景的基礎上又新添三十六景，山水相濟，南北共融，為中國皇家園林的典範。

人們將乾隆出巡江南視為對文化的追求和陶冶，徜徉於青山綠水，遊歷名山大川，遍訪名勝古蹟，結交文人雅士，吟詩作詞，潑墨題字，向慕儒雅，盡顯風流，留下無數的詩文墨跡，流傳有無數的軼聞。但他出巡隨員眾多，曠日持久，花費鉅資，弄得財政和沿途各地苦不堪言。

乾隆曾許諾任期不能超過爺爺康熙，否則將自動退位。乾隆六十年（1795年）底，乾隆下詔：「我二十五歲時繼位，當時曾對天起誓，如果能夠在位六十年，就一定自行傳位給皇太子，不敢與皇祖（指康熙）在位的年數一樣。現在我在位已經滿六十年，不敢食言，決定禪位與皇十五子顒琰。他如一時難以處理朝政，由我訓政。」朝臣勸阻，乾隆決然，於嘉慶元年（1796年）正月初一在太極殿舉行禪位大典，自稱太上皇，實際上他仍掌握着大權。嘉慶四年（1799年）正月，乾隆無疾而終，逝於養心殿，終年八十九歲，為中國歷史上最長壽的帝王，諡法天隆運至誠先覺體元立極敷文奮武欽明孝慈神聖純皇帝，廟號高宗，葬於京東清東陵之裕陵。

壯志難酬的顒琰

清仁宗
嘉慶

1796-1820

清仁宗愛新覺羅‧顒琰是個很有抱負、責任心頗強的皇帝，登基後有志於革除弊政，實現中興，做事認真很像祖父雍正，但手段有些跟不上，辦法不多，所處的環境又不成全他，給人一種「空懷壯志」的感覺。顒琰在位期間多災多難，在宮中差點兒遇刺，天理教徒攻入了紫禁城，「釀成漢唐、宋明未有之事」，最後竟遇雷劈而亡，不由得讓人想到了「命」。

清仁宗嘉慶像

幸運稱帝
處置貪官

嘉慶稱帝帶有幾分幸運。父親乾隆曾先後三次立儲，首次立的是二子永璉，為皇后富察氏所生，是嫡子，孩子長得精神，聰明伶俐，照乾隆話說：「永璉乃皇后所生，朕之嫡子，聰明貴重，氣宇不凡。」乾隆親書密旨藏於乾清宮「正大光明」匾額之後。但永璉命運不濟，九歲時夭折，皇后富察氏非常傷心。乾隆是個風流天子，不知是否出於對富察皇后的歉疚還是別的原因，勸慰之餘答應仍立她所生的兒子。果然，又立了富察皇后所生的皇九子永琮，但其兩歲時又因痘症早殤。再立就是嘉慶了，他是皇十五子，母親是第三任孝儀純皇后魏佳氏。

嘉慶於乾隆三十八年（1773年）被密詔立為皇儲，五十四年（1789年）被封為嘉親王，六十年（1795年）九月三日被宣佈立為皇太子，次年正月初一從父皇手中接過了玉璽。這種傳位方式在整個清朝中是唯一的。他繼承了皇位，成為了清朝入關後的第五位帝王，這年他三十六歲。

繼位後的嘉慶並沒享有相應的權力，乾隆雖退居太上皇，但並未放手，依然發號施令，凡朝中的軍政大事、官吏任免等都要呈報他來決定，嘉慶在很大程度上只是個傀儡。乾隆並沒搬出乾清宮，他只能暫時住在毓慶宮，整天應對一些日常事務，再就是陪同父親四處巡遊、狩獵、出席各種活動。嘉慶稱帝的頭三年很考量他的智慧和耐心，事情不能不做，但又不能做過了，既是一種煎熬，也是一種經歷和鍛煉。嘉慶四年（1799年），八十九歲的乾隆駕鶴西去，嘉慶開始親政，成為了紫禁城真正的主人。

嘉慶開始親政，但乾隆一朝持續的時間太長了，給人們的影響也太深了。嘉慶要想從父皇的光影中走出來，樹立起自己的權威，必須有所作為。嘉慶心裡明白，沒有什麼能比懲治奸佞更能贏得人心了，於是他想到了和珅，那個父皇甚為信任且權傾朝野的人。

和珅是乾隆朝後期的重臣，他生於乾隆十一年（1746年），滿正紅旗人；先祖隨努爾哈赤起兵，有不少人擔任過文武官員；五世祖尼雅哈納從皇太極征伐，授三等輕車都尉，相當於正三品；父親常保承襲世職，在八旗軍內任副都統，官階正二品。在這樣一種家庭背景下長大，和珅洞悉官場之道，熟稔君臣之微。但有的史籍說他出身內侍，甚至說他「少貧無籍」，即很貧窮低微。

和珅十多歲進入官學讀書，「少小聞詩達禮」。但繼母對他不好，日子過得挺窘迫，這也成為了他艱苦奮鬥、苦心經營的動力。十八歲時他與內務府總管大臣英廉的孫女結婚，又承襲了高祖尼雅哈納的世職，處境一下子好起來。世職的年俸一百六十兩銀，八十石米，比巡撫、布政使的俸銀還多，過上了富足的日子。和珅從中領悟到了錢財的可貴，一生都對其格外地喜好和貪婪。

乾隆三十七年（1772年），和珅在二十二歲時當上了侍衛，負責皇帝巡狩時扶輿、擎蓋、罟雀等，即在皇帝身邊幹些儀仗雜役的事，這使他有了接觸皇帝和表現自己的機會。乾隆四十年（1775年），他一次隨駕出宮，乾隆在車上看邊報，奏上說讓要犯漏網，乾隆很生氣，隨口說了句《論語》中的話：「虎兕出於柙」，隨行的校尉都不知所云，和珅答道：「爺謂典守者不得辭其責耳。」此話讓乾隆聽見了，驚訝不已，問和珅：「你讀過《論語》？」和珅答讀過，又問他家世、年齡，和珅回答得很得體。乾隆「見其儀度俊雅，聲音清亮」，「矯捷異常」，十分喜歡，「自是恩禮日隆」，和珅地位隨之日重，當上了乾清門侍衛，又升為御前侍衛，授正藍旗滿洲都統；進而封一等忠襄公，身兼首席大學士、領班軍機大臣，兼管吏部、戶部、刑部、理藩院、戶部三庫，還兼任翰林院掌院學士、《四庫全書》總裁官、領侍衛內大臣、步軍統領等要職，得乾隆的極度寵信，其官階之高，管事之廣，兼職之多，權勢之大，在清代是罕見的。他還是皇帝的「親家」，兒子被指定為皇上最寵愛的十公主的駙馬。

和珅為什麼能贏得乾隆如此寵信、獲取如此大的權力呢？一開始他還能依靠看眼色、幹事兒利索、有些學識而博得好感，但時間長了、職位高

了，則必須在治理朝政上有所建樹，但和珅在文治武功等方面都不見強，且資歷很淺，又不是科舉出身，同僚中阿桂、嵇璜、王傑、福康安等都是多年的軍國重臣，論軍功、政績、資歷、門第、威望、才幹和人品，哪一位都比他強，但他卻獨享隆寵。究其緣由，是因為他特別能夠揣摩乾隆的心思，迎合旨意，玩弄權術，還能聚斂錢財，為皇上支付一些不便公開動支國庫的費用 。在專制的條件下，官當到一定程度，重要的已不是做事，而在於「為」人。不迎奉上司，想單憑本事和貢獻得到提拔，是根本沒有指望的。皇帝，包括那些傑出的皇帝，也往往喜歡聽奉承、吹捧之言，所以，在官場中得志的往往並不是「賢才」，而是「奴才」，和珅則特別典型。

但僅僅如此，和珅還不會那麼臭名昭著，其關鍵在於「貪」，貪欲成性，鯨吞大量錢財，實屬歷朝歷代所罕見。他獲取財物的方法五花八門，主要是受賄和截流，各級官員，無論朝官還是地方官都必須向他「納貢」；朝廷的各項支出，包括治河、修城、軍餉、科考等等，他都雁過拔翎。

嘉慶對和珅的所為早就心知肚明，但因父皇袒護，不敢輕舉妄動，只能小心翼翼地與之相處，還得表現出對其格外「敬重」，以消除對自己的戒備。嘉慶四年（1799 年），乾隆皇帝駕崩，嘉慶親政，便立即對和珅下手，翌日命和珅與戶部尚書福長安輪流看守殯殿，不得擅自出入，實際上是將其軟禁。接着下了一道突兀的聖旨，命令着實查辦圍剿白蓮教不力及幕後庇護的人。結果大臣們心領神會，馬上有大批彈劾和珅的奏章呈上。嘉慶帝宣佈了和珅的二十條大罪，將其投入大獄。嘉慶本要將其凌遲處死，但由於皇妹、即和珅的兒媳固倫和孝公主求情，並接受董誥、劉墉諸大臣的勸阻，改賜和珅獄中自盡。為避免政壇風波，嘉慶宣佈對能棄惡從善的和珅餘黨免於追究。經查抄，和珅財產的三分之一，價值二億二千三百萬兩白銀，玉器珠寶、西洋奇器不計其數，因此有「和珅跌倒，嘉慶吃飽」的說法，可見和珅貪污的數量之巨。

整飭朝綱
處處掣肘

嘉慶稱帝後殺和珅，並想以此為契機大幹一場，打出了「咸與維新」的旗號。但是，大清朝已經進入了緩行甚至衰落期，有了「物是人非」的感覺，整個朝政就像一架負擔沉重、老化失修的車輦，停滯、遲緩、衰朽、破敗。

嘉慶從父皇、或者說從太上皇手中接過權杖，所能幹的並不是大展宏圖，而是歷史學家所說的「守成」。「作」和「為」並非因果，時常是有「作」而無「為」，「碌碌無為」。嘉慶是個無為的耕耘者。儘管他比乾隆多着幾分勤奮和自律，但卻難有乾隆那樣的名聲。

嘉慶主政後所面對的是一片蕭條。首先是吏治腐敗，朝風不正。各級官宦為迎合皇帝，阿諛迎奉、鋪張奢靡、不務實事，「厚黑」當道，佞臣得志，結黨營私，投機鑽營，貪污索賄。

其次是土地兼併嚴重，貧富差距拉大。到乾隆後期已非常嚴重，大批農民淪為佃戶或流民，官僚地主則佔有大量土地。如直隸懷柔的大地主郝氏，有上等良田一萬多頃，和珅有良田八千多頃，甚至連他的奴僕有的佔地都達六百頃。百姓則無立錐之地。嘉慶元年（1796 年）二月，北京城居然一夜之間有八千多流民、乞丐凍死於街頭。

嘉慶在如此背景下開始了他艱難的「維新」歷程。嘉慶制止朝中歌功頌德、粉飾太平，要求對民情「纖悉無隱」，如實稟報。嘉慶四年（1799年），浙江巡撫奏報當地普降甘雨，糧價平減，嘉慶指出，我諮詢下情的目的是為了搞清民間的疾苦，不是為了聽太平之詞；四川布政使稱境內得雪，但局勢穩定，百姓安居樂業，嘉慶對此懷疑，說四川連年遭兵火洗劫，民不聊生，怎麼會沒有困難情況？一年，雲南威遠發水，民房倒塌，衙署、鹽井、倉庫等被沖毀，三千多百姓無家可歸，但巡撫江蘭卻對災情隱匿不報，反稱災區是一片豐收景象，嘉慶瞭解到實情，將江

蘭革職回籍。嘉慶七年（1802 年），山東發生蝗災，巡撫和寧謊稱只有濟寧等少數幾個州縣發現蝗蟲，且不毀莊稼，嘉慶見到如此荒謬的奏報，摘去了和寧的烏紗帽。

此外，湖北襄陽道員胡齊崘在位期間主管軍需供應，肆意侵佔揮霍，虧空二十多萬両銀子，嘉慶將其處以極刑；嘉慶十四年（1809 年），江蘇淮安府知縣王伸漢謊報戶口，侵吞大量賑災銀両，並毒死要揭發他的查賑官，勾結知府王轂掩飾罪行，此案披露，王伸漢、王轂被處死，兩江總督鐵保被革職流戍；總管內務大臣廣頭、巡漕御史英綸因貪污受賄被處以絞刑；工部書吏王書常造假印、寫假條，從戶部冒領了數十萬両白銀，案發後，王書常被處死，有關人員祿康、費淳等人遭降黜。

當時清朝官場惰怠偷安、萎靡不振。嘉慶多次告誡臣子要勤於職守、克己奉公。一次，內務府官員在處理御膳房一件小事時敷衍搪塞，拖了四十天才解決問題，嘉慶得知後斥責官員：「幾句話就能了斷的事，奏摺不過百字，如何處理得如此拖遝？」嘉慶元年至十一年（1796 年至1806 年），直隸二十四個州縣的三十一萬銀両不知去向，經查實是司書王麗南等人串通舞弊、偽造印章、傳票等，嘉慶知後痛斥督撫大員，說發生了如此嚴重的問題，你們卻懵然不知，形同木偶，將督撫顏檢、瞻柱、胡季堂分別治罪。

嘉慶為遏制奢華之風，帶頭節儉。乾隆巡遊，各地為其修建了多處行宮，嘉慶下令不再對其修飾。嘉慶十四年（1809 年），嘉慶在巡幸五台山前交代地方，不要在途中鋪張，務求節儉。在祝賀他五十大壽時，下令不准在民間廣陳戲樂，巷舞衢歌。御史景德為了討好，奏請祝壽期間在京城演戲十天，還作為定例，嘉慶並未領情，而是革了他的職。

不過，皇帝也是人。翰林院編修洪亮吉上疏指陳時弊，詞鋒犀利，很讓嘉慶下不來台，於是一怒之下將其關入監獄，雖未處死，但被譴戍伊犁，後是經老師朱珪說情，才被釋放回京。從此官員不再敢提尖銳的問題。在處理胡齊崘貪污軍需案時，涉及到永保、慶成、畢源等大員，其都有受賄、侵吞公帑等問題，但因祖上有勳，結果只處理了胡一人。處理王

書常時雖降黜了祿康、費淳，但第二年又委以重任。

嘉慶是個保守的皇帝。自康熙時始清視關外為滿族的重地，實行封禁政策，嘉慶繼承此法，又專門訂立的章程，此不利於東北地區的發展。對於礦山的開採嘉慶也施行禁止，他認為民間開礦是為了獲利，眾多百姓聚集容易滋生事端。以往南糧北運通過漕運，耗費大量人力、物力，費用很高，有人向嘉慶提議進行海運，但嘉慶堅持祖制，不願去冒風險。

內憂外患
雷擊而亡

嘉慶元年（1796 年），爆發了震撼全國的白蓮教民變。白蓮教是唐末以來流傳於民間的一個秘密宗教，在川、楚、陝等地盛行，教義講世間存有明、暗兩種勢力，分別代表着善良與邪惡，雙方不斷進行鬥爭，最終善良一定戰勝邪惡。教徒自稱是「無生老母」的兒女，應當同生死、共患難，災難深重的貧苦百姓為了尋求精神上的寄託，紛紛加入白蓮教。白蓮教提出「清朝已盡」，「日月復來屬大明」等口號，清政府看到對統治的威脅，下令緝拿。但一些地方官以此作為搜刮錢財的機會。四川達州知州戴如煌派出五千衙役，以搜捕白蓮教為名，乘機勒索百姓，使得當地生靈塗炭；湖廣武昌府同知常丹葵在搜捕中強行掠奪，殘害百姓，有人稍有不滿，便動用酷刑。官府的搜刮使得白蓮教愈發壯大，先是在湖北宜都、枝江爆發，很快蔓延到襄陽、長樂、長陽等地，依靠鄉民和川、楚、陝險要的地勢與清軍周旋。

白蓮教民變令作為太上皇的乾隆大為震驚，急令三省的督撫鎮壓，並陸續抽調八旗軍和各省的綠營軍參戰，然而，幾年下來，雖投入了大量兵力，耗費了七千萬両餉銀，可白蓮教仍很強盛。造成此種狀況，在很大程度上是因為清軍不濟，八旗軍及綠營軍都軍紀不整，毫無鬥志，將領侵吞軍餉、貪賞冒功、怯懦避戰，士兵搶掠百姓、無惡不作、畏縮不前。

京城的八旗軍開赴前線，只顧四處搜刮財物，根本不聽軍令調遣，以至前線的將領叫苦不迭，哀求嘉慶將其調回。無奈之中，朝廷只得組織地方鄉勇，而鄉勇非正規軍，受到八旗軍的歧視，作戰時被推到前方作替死鬼，戰後各種犒勞都沒有他們的份兒，弄得怨言四出，結果圍剿處處失利。

嘉慶對白蓮教的勢起及清軍圍剿不力甚為頭疼，親政後開始調整對策，他通諭軍中將領，要求杜絕不服軍令、投機鑽營、冒功吞餉的現象。為改變各路清軍不相統屬、作戰難以協調的狀況，任命勒保為經略大臣，統一指揮川、楚、陝、豫、甘五省的軍隊。勒保在半年內沒有改變局面，嘉慶將其治罪，以明亮接管，明亮也回天乏力，嘉慶又將其撤職代之以勒登勒保。嘉慶半年內三換經略大臣，嚴懲了一批作戰不力的統兵大臣，使得清軍狀況有所好轉。

乾隆對白蓮教主要實行軍事圍剿，嘉慶則採取了剿撫兼施的策略，宣佈「但治從逆，不治從教」，即對白蓮教的活動不予禁止，對白蓮教起事者則堅決鎮壓。他又實行「堅壁清野」。此法最初由明亮等人提出，但未被乾隆採納，嘉慶親政後採用此略，將老百姓趕入壁壘之中，隔斷與叛軍的聯繫，並積極組織鄉勇，明令鄉勇在功賞待遇等方面與正規軍同等看待。嘉慶的舉措取得了效果，叛軍力量削弱，清軍逐漸佔據了優勢。

嘉慶九年（1804 年），白蓮教被鎮壓下去，期間經歷了近十年的時間，涉及五省，調集了十六省的軍隊，耗費了兩億餉銀。

白蓮教的事還沒收捨乾淨，湘、黔一帶的苗民又起事端，雖規模不大，但此起彼伏，相互呼應，一直持續到嘉慶十二年（1807 年）。期間東南沿海亦有事端，嘉慶顧此失彼，費盡周折，嘉慶十五年（1810 年）才將事態平息。

嘉慶十八年（1813 年），北方爆發了李文成、林清領導的天理教民變。天理教即白蓮教的一支，教徒按八卦名稱分股活動，也稱八卦教，在直隸、河南、山東等省擁有眾多的徒眾。同年，河南、直隸、山東等地接

連起事，嘉慶派直隸總督、河南巡撫率兵鎮壓，可他沒想到，叛軍竟然打入了北京的紫禁城！九月十五日，林清率部在內應太監的引導下分別由東華門和西華門闖入宮中，隆宗門的區額上至今還留有當年雙方激戰中留下的箭鏃。當時嘉慶遠在承德避暑山莊，宮中的皇次子旻寧和幾個親王連忙組織侍衛抵抗，時間不長又有大批官軍趕到，很快將叛軍鎮壓。嘉慶得此消息，火速趕回北京，頒佈「罪己詔」，稱此事件「變生肘腋，禍起蕭牆」，實在是曠古奇聞。他下令搜捕、圍剿林清、李文成等人，將其處死。此事件在中國堪稱罕見，讓一支實力不強的教民闖入皇宮，「釀成漢唐、宋明未有之事」，嘉慶創了個先例。

這還不算稀奇。嘉慶八年（1803年）二月，嘉慶從圓明園返回大內，在快進順貞門的時候，突然有一壯漢衝出人群要行刺嘉慶，隨從、保鏢全驚呆了，幸虧幾個在場的親王及時救駕，奮力將刺客擒住，才穩住了局勢。刺客並沒有什麼背景，叫陳德，因家中貧困，有些小事投告無門，便憤然潛入皇宮，行刺皇帝。事後陳德被殺。

嘉慶稱帝一晃二十五年過去了，他勤勤懇懇，忙忙碌碌，胸懷實現中興的良好願望，但卻沒有收到切實的效果。嘉慶二十五年（1820年）七月，他去熱河行獵，在事先沒有任何徵兆的情況下，突然死於避暑山莊。關於嘉慶的死因，有着不少種說法，有的說是他去熱河的途中中暑，有的則說是在木蘭圍場遇雷擊而亡，關於遇雷又有好幾種版本，說得稀奇古怪，神乎其神。中國歷史共產生過三百四十多位帝王，死於天災的恐怕少之又少，嘉慶絕對算個「特例」。他一生中多有「絕門」，臨死時又遇到一次，也算「正常」。死後諡受天興運敷化綏猷崇文經武孝恭勤儉端敏英哲睿皇帝，廟號仁宗，葬於保定易縣清西陵的昌陵。

吝嗇到家的旻寧

清宣宗
道光

1821-1850

清宣宗愛新覺羅‧旻寧即道光皇帝，稱帝期間儘管仍以天朝王國自居，但卻已自覺不自覺地捲入了世界的紛爭，自身的衰敗一覽無餘。道光很想把國家搞好，也很敬業，力圖革除弊政，重振雄威，對自己的要求非常嚴格，可事與願違，不但國內紛亂四起，而且列強以鴉片為先導，敲開了中國的大門。從此中國每況愈下，全面走向衰落，史家將他與嘉慶執政的年代稱為「嘉道中衰」。

清宣宗道光像

道光帝行樂圖

英姿少年
承得大統

旻寧於乾隆四十七年（1782年）誕生在嘉郡王府的擷芳殿，那時父親還是嘉郡王，母親是嫡福晉，即後來的喜塔拉氏孝淑睿皇后。他出生時爺爺乾隆已年逾古稀，但精神矍鑠，身體硬朗。

旻寧七歲時，乾隆出巡至張三營行宮，令諸皇子皇孫們比試箭法。經過一番比鬥，決出了名次，乾隆正要給名次好的發賞，旻寧手執一張為他特製的小弓請求獻藝。乾隆很高興，忙讓孫子開弓，說如能連中三的，獎給他黃馬褂一件。獎勵黃馬褂是清代皇帝賦予臣子的一項殊榮。旻寧搭弓上箭，連射三鏃，結果箭無虛發。射完了則跪在了爺爺的面前，乾隆知道這是要他履行承諾，仰天大笑，叫人拿來了黃馬褂。因為事先沒有準備，成人的黃馬褂穿在旻寧身上變成了黃馬袍，乾隆看着「黃袍加身」的小孫子很是開心，從此對旻寧另眼相看。

乾隆五十六年（1791年），旻寧九歲，跟隨爺爺赴威遜格爾狩獵。當時正值金秋，祖孫倆策馬林中，突然間跑過一群麇鹿，旻寧忙彎弓搭箭，嗖嗖兩發，一頭鹿應聲倒地。乾隆喜不自禁，賜賞孫兒，並吟詩一首：「老我策驄尚武服，幼孫中鹿賜花翎。是宜誌事成七律，所喜爭先早二齡。」這裡所說「早二齡」是個典故，當年乾隆年少英武，十一歲時隨康熙圍獵，曾射死一頭黑熊，如今旻寧年剛九歲就射殺了麇鹿，早了爺爺兩年，真是「後生可畏」，故吟出了「所喜爭先早二齡」的詩句。

旻寧張三營引弓三箭贏得「黃袍」，威遜格爾圍獵射死飛鹿，使得他聲名鵲起，在宮內外廣為傳播，乾隆對這個皇孫更是寵愛有加。不久，乾隆因君臨天下六十年而禪位於嘉慶。嘉慶也非常喜歡這個精明強幹的兒子，嘉慶四年（1799年），乾隆駕崩，嘉慶親政，按照清室祖制，寫下了「立皇次子縣寧為皇太子」諭旨，密封於錦匣之中，藏在乾清宮順治御筆「正大光明」的匾額之後。

清宣宗 旻寧

嘉慶對旻寧的態度最初是因為乾隆，爺爺喜歡孫子，他也就跟着喜歡這個兒子，而嘉慶十八年（1813年）發生的事使嘉慶打內心裡更加喜愛這個皇子。當時嘉慶到承德壩上的木蘭圍場狩獵，旻寧也隨同前往，因故先回了京城，正遇到林清率領的天理教軍隊攻打紫禁城。民兵在內應太監的引導下悄悄地潛入宮內，因地形不熟，有幾十人聚在養心殿外，商量着準備越牆而過。宮人們聞亂都不知所措，緊閉門戶不出，這時旻寧和幾個貝勒正在上書房讀書，聽到外面聲音嘈雜，知道情況不對，忙令內侍取出火槍、腰刀等武器，拿在手裡趕到養心門，這時恰好有個教徒剛爬上牆頭，旻寧舉槍就射，將其擊中。接着他命內侍搬來梯子登上牆頭向民兵射擊，槍彈不夠還扯下衣扣充作槍彈，結果叛軍潰退，隨之被趕來的官軍截殺捕獲。消息傳到承德，嘉慶甚為震動，通令嘉獎，封旻寧為智親王，將其所用火槍命名為「威烈」槍，授大獎，朝中文武無不交口稱讚。但旻寧卻表現得很低調，他上奏謝恩：「此次事變，為始料所不及，倉猝之間，恰值內廷防禦無人，時勢所逼，身不由己，事後想來，後怕不已。」此話講得很得體，也很實在，史書讚他「謙沖篤實，不矜不伐」，表現得恰到好處。

自此，旻寧雖為秘立、實際上眾人都知曉的儲位愈發穩固。但人們瞭解到道光青少年的經歷總會產生疑問，怎麼這樣一位英姿勃發、處事果敢、臨危不懼、冷靜沉穩的皇子，為帝後會那麼平庸而無為、猶疑而膽怯呢？這就需要人們去研究了。

嘉慶二十五年（1820年）夏秋之際，嘉慶在沒有任何徵兆的情況下駕崩於避暑山莊，隨行的大臣們即擁旻寧為帝。因當時父皇未葬，他暫緩登基，先護送嘉慶的梓宮由熱河回京，等辦完了父喪，於八月二十七日在太和殿正式加冕。之後須詔天下，尊母后鈕鈷祿氏為皇太后，追封或加封幾個兄弟為王，改次年為道光元年，將自己名字中的「緜」字改為「旻」，為的是弟兄們不用再為避他的名諱而改名，從此開始了他艱難的從政歷程。

專意節儉
任用庸人

在道光看來，大清的失落是因為揮霍、鋪張所致，於是躬行節儉、抑制奢風、懲治貪佞就成為了道光主政後的重心和追求。

道光登基後，提出了節儉應為「天下先」，以詔旨的形式頒佈了著名的「聲色貨利論」。說聲色貨利危害之大關係到王朝的生死存亡，聲色「常人惑之害及一身，人君惑之害及天下」；為官從政者不能為聲色貨利所誘，應「檢束身心，摒除聲色」，力崇節儉，恢復培養淳樸作風，一切「概從樸實，勿尚虛文」。縱觀道光一朝，雖在不同時期治政各有側重，但倡儉戒奢卻是一貫的，他念念不忘讓臣民做到「飲食勿尚珍異，冠裳勿求華美，耳目勿為物欲所誘，居處勿為淫巧所惑」，大小官吏要切記「一絲一粟皆出於民脂民膏」，要時時處處「務存儉約之心」，這樣才能使大清王朝長治久安。

道光倡儉絕不僅是說說而已，也不是單純去教誨他人，而是身體力行。以往皇帝每餐至少要有二十幾道菜，道光覺得過於鋪張，規定每餐不能超過四菜一湯，有時乾脆只要一碗豆腐燒豬肝。起初朝臣們對道光的節儉還將信將疑，以為只是做做樣子，但他登基後的兩次「大宴」，大臣們真看出來皇帝絕非裝模做樣。一次是皇后過生日，道光只讓御膳房宰了兩口豬做打了頓鹵麵就算是款待群臣，弄得大家哭笑不得；另一次是大學士長齡平定回疆叛亂押解叛首回朝，道光在午門受俘，之後到萬壽山玉瀾堂設宴，餐桌上只擺着幾樣小菜，文武官員連筷子都不敢動，只能陪着皇帝喝上兩盅酒了事。

吃飯是如此，穿衣也是同樣。道光登基後，即諭令內務府清點庫存，除留下少量皇室必備的衣料，其餘的都分賜給朝中官員。他是想通過自己的表率，讓臣屬們在衣着上務求儉樸，不事浮華，後來兩件事令臣工明白了道光的「良苦用心」：一是冬季清代皇帝常穿珍貴的毛皮罩衣，道光為帝後內務府給他準備了一件，外面是狐皮，裡面是緞子，緞子從裡

面伸出來，稱為「出風」，毛皮墜在上面顯得雍容華貴，道光認為毛皮為狩獵所獲，得之容易，緞子則需紡製，非常貴重，而緞子「出風」純係裝飾，所以，讓內務府去掉「出風」的緞面；另一是滿人服飾以袍褂罩身，褲子極少外露，道光為了節省，常年多穿舊褲，日子長了膝蓋地方先破，就讓人打上補丁。

道光一登基，即頒發詔旨，令各地破除舊例，「一應貢獻，概行停止，即食品也不准進呈。」但各地仍有大量貢品進京，道光面對現實，經與大臣籌商，再發詔旨，說「各地貢品一項，其例應貢者，着准進呈」，但「可刪者即行刪去，不必拘定舊例」，嚴禁大小官員借機加增貢品，即使必須之物也不例外。「設若某件貢品一時難以採辦，盡可缺而不貢，斷不可將別項數目加增，或以他物頂替」。至於那些可有可無、或僅供觀瞻、增娛樂、有助浮華的貢品，則「永遠停止」。他提出決計不再像先帝那樣南巡北幸，以免擾民傷財，實在難免之行，如出巡盛京拜祭祖陵等，要經辦官員及沿途務必「力從節省，摒絕繁文縟節」，一經發現有「靡費虛文之弊」，無論何人必「重懲不貸」。他將大批宮娥彩女放還出宮，令后妃以下悉行摒去繁華裝飾，衣食用度概從樸實。嗣後皇子皇孫婚儀一切從儉，福晉娘家陪送嫁妝亦不得以奢華相尚，如有靡麗浮費之物，不惟將原物擲還，且嚴加議處。

朝廷的用具也是一切從儉。道光登基後，內務府按照慣例給他準備了四十方硯台，每方的背面都鐫刻「道光御用」四字。道光見到內務府報單，覺得太多，下令只留兩方，其餘的分賜內廷諸臣，並詔令此後不再備製貢品硯台。御用毛筆歷來是特製的紫毫，即精選紫色兔毛所製，很貴重，筆桿上鐫有「天章」、「雲漢」等字樣。道光知道後下令改用普通的純羊毛或羊毛與兔毛混合，同時以「筆桿鐫字，每多虛飾」為由，諭令同民間用筆一樣標明「純羊毫」或「羊兔兼毫」即可。

看了道光「持儉」的舉動，令人心情複雜。作為皇帝，能「儉樸」到這個份上，實為難能可貴。歷史上的君王，連同龐大的皇室，大多數窮奢極欲，揮金如土，任意揮霍百姓的血汗。道光反其道而行之，確實值得讚揚。

但是，從社會發展的角度講，節儉應當說只是一種手段，並非最終的目的，人們艱苦奮鬥、勤儉持家，是為了過好日子，這是人之常情。所以，國家及社會更大的責任是發展經濟，殷實百姓。道光倡儉無疑是正確而必要的，但如果只專意此事，無暇他顧，就顯得偏頗和狹隘，就有些捨本逐末了。

這其中還有一個重要的因素，即他的臣屬。道光關於倡儉杜奢的言論，無視他所面對的是歷經長期利慾薰心、養尊處優的官員，這使得他根本就無法實現既定的理想。

朝中許多官員往往是通過辦理皇家事務而自肥，皇帝愈鋪張，生活愈奢華，他們的可乘之機愈多。這本來是公開的秘密，也是皇帝籠絡人心的重要途徑。皇帝及有權勢的官員將心腹安置在有利可圖的位置，人們稱之為「肥缺」，一來可以掌控權力，二來可以獲取回報；而那些被安置的官員則能獲取厚利。整個封建統治就是依靠這樣的脈絡而得以運轉和維繫。道光的作為使得官場運行的脈絡發生了阻塞。於是臣屬自然虛以委蛇。原來的御膳山珍海味，美味佳餚，採辦的官員能從中撈得不少油水。道光實行四菜一湯甚至是一碗豆腐豬肝，弄得採辦的官員沒的可賺，叫苦不迭。道光讓內務府改罩衣的「出風」，內務府以為有賺，遂上奏「改製罩衣，需銀千兩」，道光聽到要花這麼多錢竟改變了主意，傳諭：「改製花費既多，着暫免，此後新製，概勿出風。」隨後他又將此事諭知軍機處，致使京城的大小官員十幾年間穿毛皮罩衣都不敢有「出風」。道光褲子上打補丁，有個官員便有意地在褲子上綴補丁以博得他的好感，道光跟他打聽價錢，那官隨口說用銀三錢，聽得道光大呼上當，說內務府打一個補丁竟要用銀五兩。在旁邊的大臣竊笑，那些銀兩還不是都流入了內務府官員的腰包，內務府都是皇帝的親信，誰也不敢說什麼。皇帝穿補丁衣，下屬們爭相仿效，衣服不管破不破，都打上補丁。

後人評價道光是「守其常而不知其變」，這便說明了他對朝政的整改為何不會有大的起色。

道光認為，要澄清吏治，必須讓他們時刻心存忌憚，處事謹慎。當然他

不可能總去盯着眾多的官員，於是就想個辦法，仔細審看各級官員的奏章，挑裡面的毛病，使得各級官員不敢怠慢。嘉慶去世後，軍機處草擬遺詔，有「高宗降生避暑山莊」的話，高宗即乾隆。兩個月過去了，道光突降諭旨，說他檢讀先朝《實錄》，知高宗誕生於雍和宮邸，詔文卻將皇祖降生地誤詔天下，是何居心？這下把負責擬詔的軍機大臣托津、戴均元等嚇壞了，忙解釋出處，說是根據嘉慶詩集的注釋所撰，即所謂「嘉慶遺詔案」。道光據此罷了托津、戴均元的官，交有關部門嚴加議處。此事對朝廷震動極大，官員們再也不敢在奏疏上有絲毫的大意，整日擔驚受怕，提心吊膽。

要作聖明的君主，必須任用良臣。而道光為帝，總感到「左無才相，右無才吏」，找不到輔佐的良才。實際上這是清代的通病，人們評價清是「有帝而無相」，始終未湧現出雄才大略的輔臣。道光做事很像個管家，事無巨細，事必躬親，斤斤計較，愁眉苦臉，他用人肯定是用些「伙計」，其中最典型要數曹振鏞。曹振鏞是乾隆時的進士，歷任編修、學政、大學士、軍機大臣，處事唯諾、油滑，無甚才氣。他得道光的賞識是因為其「儉樸」，當年在褲子上故意縫補丁的就是此人，他上朝時故意讓道光看到，贏得了皇帝的好感；當道光問他在家吃雞蛋要花多少銀子時，他竟謊稱自幼患有腹脹氣滿的毛病，平生從未吃過雞蛋。讓這樣的人當朝，自然難於給道光提出治國理政的良策，也不可能向道光薦舉有才華的賢能。道光起初很賞識封疆大吏陶澍和阮元，和曹振鏞提起，曹振鏞忙說：「兩江離了陶某，恐怕海運無人可及。」因道光很自得的事是海運漕糧，結果陶澍上調一事作罷；提到阮元，曹振鏞則說阮元人很能幹，他的書法寫得更好。此說是因為道光不喜歡官員不務正業，經曹振鏞一點，阮元便終生沒了進階的機會。曹振鏞不但經常給人使壞，還淨給道光出無聊主意，道光整天挑各級官員奏摺中的毛病，即出於曹振鏞的「獻教」。整天有這麼個人在身邊，道光能取得什麼樣的政績就可想而知了。

禁煙抵英
顏面掃地

此時的英國經過工業革命早已崛起，推行擴張政策，在印度半島建立東印度公司，實行對印度以至整個亞洲的掠奪性貿易和侵略擴張。在早期的貿易中，中國的絲、茶、陶瓷、大黃、糖等很受西方人歡迎，出口不斷增加，而英國的毛紡織品因中國人習慣於穿絲綢和土布，在華的銷路並不好，致使英國對華貿易連年虧損，每年要運來大量白銀彌補虧空。為了實現貿易順差，英商開始向華銷售鴉片。

鴉片在中國的氾濫，引起朝廷的警覺，嘉慶五年（1800年），清廷首次頒佈禁止鴉片進口的律令，發佈販賣和吸食鴉片的治罪條例。道光元年（1821年），又發佈禁令，對販賣、吸食及開辦煙館的進行懲處，查獲、驅逐夾帶鴉片的外國船隻。但英商轉而採取隱秘的手段，繼續向中國走私，甚至組織船隊，武裝保護。亦有清朝官吏縱容走私，甚至參與其中，撈取好處。致使輸入中國的鴉片有增無減，道光元年（1821年）不足六千箱，道光十三年（1833年）則增至兩萬餘箱，道光十八年（1838年）增至四萬餘箱。

作為一國之君，道光憂心忡忡。對於查禁，朝間有兩種主張：一是放寬煙禁，太常寺少卿許乃濟提出，代表了廣東等地一些官吏士紳的意見；二是屬行嚴查，內閣學士兼禮部侍郎朱嶟、兵科給事中許球、江南道御史袁玉麟等堅持，鴻臚寺卿黃爵滋甚至提出「吸煙論死」的主張，雙方各執一詞。道光經過權衡，認為如果任由氾濫，遲早要毀掉大清江山，他一面諭令各將軍、督撫就黃爵滋「吸煙論死」的提議進行討論，一面採取嚴厲措施，將吸食鴉片的王公貴族治罪，把許乃濟革職還鄉，詔令在兩湖地區禁煙卓有成效的林則徐進京商討禁煙大計。

林則徐是福建侯官人，道光十二年（1832年），升任江蘇巡撫，進京時已晉為湖廣總督。道光在京接連八次單獨召見他，商討禁煙事宜，最後決定授林則徐為欽差大臣，赴廣東查禁，斷絕鴉片源頭；命朝臣制定

禁煙章程，在全國全面清查鴉片煙毒。

道光十九年（1839年）春，林則徐抵達廣州，與兩廣總督鄧廷楨、廣東巡撫怡良、水師提督關天培等人一道，內查收受賄賂、包庇走私的官員，懲治販毒奸商，勸戒吸毒兵民；外諭各國來粵商人，限期繳出囤放於外洋躉船上的全部鴉片。為保證清查，他派人收集情報，掌握外商動向，招募水勇，整頓水師，加固增修炮台，購買西洋大炮、戰船，積極整軍備戰。在林則徐的威懾下，鴉片走私商被迫繳出鴉片一萬九千多箱又兩千多袋，共二百三十多萬斤，林則徐奏報朝廷後在虎門海灘全部銷毀，史稱「虎門銷煙」。

虎門銷煙後，林則徐傳令各國貿易商船具結聲明，保證「嗣後來船永不敢夾帶鴉片，如有帶來，一經查出，貨盡沒收，人即正法，情甘服罪。」那些從事正當貿易的外商皆遵令具結，惟英國商務監督義律不服管理，蓄意挑起事端，甚至糾集兵船攔截本國商船不准進口具結，並多次襲擊中國水師。林則徐下令嚴懲英國兵船，建議朝廷實行「奉法者來之，抗法者去之」。道光進一步諭令林則徐：「朕不慮卿等孟浪，但戒卿等不可畏葸，先威後德，控制之良法也，特此手諭。」道光二十年（1840年）一月，林則徐尊旨斷絕了中英貿易。

道光想以天朝的聲威懾服英夷，但他考慮得過於簡單了。是年五月，英國集結了四十餘艘兵船到達中國海面，封鎖了珠江口，悍然向中國發動進攻。英軍攻打廣東、福建、浙江一線，北進至天津白河口，外交大臣巴麥尊照會清政府，要求中國皇帝為英人在粵所受「冤屈」昭雪，賠償鴉片損失，割地通商。直隸總督琦善接受照會，上奏道光：「英夷船堅炮利，無可與敵。夷船不來則已，夷船若來，則天津等各大海口斷不能守。」朝廷接到奏摺上下一片驚慌，大臣們都希望馬上平息戰事，不少人則埋怨林則徐。道光聞前方敗訊，京畿吃緊，全沒了幾個月前決意銷煙的堅定，開始對林則徐產生懷疑。他詔令琦善與英人交涉，諭旨詰責林則徐，措詞相當激烈：「命你赴粵查辦海口事件，業經一年有半，然外而斷絕通商，並未斷絕；內而查拿犯法，亦不聽淨盡，無非空言搪塞，

不但終無實濟，反生出許多波瀾！思之曷勝憤懣，看汝何詞以對朕也？」

琦善所轄的天津僅有八百弁兵，根本不堪一擊。他接到道光的諭旨照會英軍司令懿律，即義律的堂兄，出賣了林則徐，說是林在廣東查禁鴉片「辦理不善」，皇帝正在追查，巴麥尊所提的要求，盡可慢慢商量，希望英軍先返回廣東，等皇帝派人「秉公查辦」。因為當時天氣很冷，懿律率軍回到了廣東。

英軍一撤，琦善即上奏道光，渲染自己「退敵有方」。道光接到奏疏，覺得英夷也並非桀驁，林則徐等確乎辦理不善，於是命琦善為欽差大臣，前往廣東與英方交涉，而將林則徐、鄧廷楨等人革職查辦。琦善到廣東後一味求和，指望讓英兵退出了事。但英軍根本不予理睬，一面提出苛刻的要求，一面調兵遣將。琦善沒有做任何戰守的準備，步步退讓，幾乎答應了英軍的所有要求，只是割讓香港一事沒敢擅自做主。英軍不待答復，遽然出兵，攻佔大角、沙角炮臺，逼近虎門，單方面發佈未經議定的《穿鼻草約》，強佔香港。

道光派琦善到廣東原是想引英軍南下，用恢復通商、懲辦林則徐等換得英國撤軍，沒想到英國人竟有那麼大胃口。道光見英軍大舉進攻，忙令琦善「趕緊團練兵勇，獎勵士卒，儲備軍需糧餉槍炮火藥，嚴懲英夷。」同時詔令對英開戰，命御前大臣奕山為靖逆將軍，戶部尚書隆文、湖南提督楊芳為參贊大臣，徵集各路軍馬一萬七千人開赴廣東前線。可琦善上奏說廣東「地勢無要可扼，軍械無利可恃，兵力不固，民情不堅，若與英夷交鋒，實無把握，不如暫示羈縻⋯⋯」道光看後非常生氣，又接怡良密奏琦善不聽眾文武勸說，私下承諾割讓香港，提筆在琦善的奏摺上批道：「汝被人恐嚇，甘為此遺臭萬年之舉，今又摘舉數端，恐嚇於朕，朕不懼焉。」隨即傳諭，將琦善革職拿問，索解進京，將家產悉數抄沒入宮。同時命奕山、隆文等火速奔赴廣東。

奕山絕不比琦善強，他在聖旨的再三催促下才於道光二十一年（1841年）三月底抵達廣州。他找來新任的粵督祁貢等人商量，於四月初一兵分三路夜襲英軍，希冀一戰而勝。不料英軍早有準備，激戰五晝夜，所

有炮台全部失守，英軍將廣州城團團包圍。奕山慌了手腳，令廣州知府出城乞和，簽訂了《廣州和約》，議定雙方停戰，賠償英國軍費六百萬元，英軍退出虎門，奕山等撤出廣州，屯駐離城六十里以外。

奕山雖戰敗賠款，但卻上奏說廣州停戰是他們奮戰的結果，賠款是他「為表天朝懷柔遠人之意，獎勵外夷向化之誠，議定允其所請」。道光接此奏摺還真相信了，以為英夷真是懾於「天威」，傾心向化，竟頒旨「准令通商」，裁撤沿海各省防務。他愈發懷疑林則徐在廣東的行為，將其和鄧廷楨發往伊犁。

就在道光被奕山欺騙不明就裡之際，新任英國公使璞鼎查、司令巴加率軍北上，先後攻陷廈門、定海、鎮海、寧波，整個浙東地區遭受英軍摧殘。道光這次聽到消息才感到事情不妙了，又派出協辦大學士、吏部尚書奕經為揚武將軍，侍郎文蔚、副都統特意順為參贊大臣，調集江西、湖北、四川、陝西、甘肅等省軍隊，奔赴浙江，結果又敗。至此，道光再也不敢打了，也沒本錢打了，軍中已無將可派，手下也已無軍可調了，於是命盛京將軍耆英署杭州將軍，授欽差大臣關防，起用因主和被革職的伊里布赴浙江與英方交涉。

耆英、伊里布到達浙江後，想採用「羈縻」策略「招撫」英夷，可英國人根本不理，又相繼攻陷乍浦、寶山、上海、鎮江，直抵南京城下。至此，道光已無計可施了，只得命耆英、伊里布赴南京議和。

二人到南京，經過一個多月的交涉，幾乎答應了英國人的全部條件，將一份英國人起草的條約奏報道光，請求批准簽定。道光接到奏報內心五味雜陳，可不簽能行嗎？道光二十二年（1842年）七月二十四日，耆英、伊里布在南京城外長江江面的一艘英國軍艦上，與英方簽訂了中國近代史的第一個不平等條約，規定：一、清政府賠償英方在廣東繳出銷毀的鴉片費六百萬元，商行「積欠」三百萬元，軍費開支一千二百萬元，總計兩千一百萬元：二、將香港割讓給英國；三、開放廣州、福州、廈門、寧波、上海五處為通商口岸；四、實行協定關稅，嗣後進出口貨物應納關稅等項，均應「秉公議定」，不能由中國自己作主；五、廢除公行制

度，凡來中國貿易的英商，不論與何人交易買賣，均聽自便。這就是《南京條約》，也稱《江寧條約》、《白門條約》或《萬年條約》。

《南京條約》簽訂後，英國又與中國簽訂了《五口通商章程》和《五口通商附粘善後條款》，統稱為《虎門條約》。英國獲得了「領事裁判權」、片面「最惠國待遇」、在通商口岸停泊「官船」和租賃土地房屋等項特權。美國和法國人聽此也聞風而來，道光無奈，又派耆英與兩國分別簽訂了中美《望廈條約》和中法《黃埔條約》。在西方列強面前，道光顏面掃地。

歷時兩年多的鴉片戰爭使清廷支出了戰爭經費七千萬兩，戰後賠款兩千一百萬元，再加上戰爭期間列強的掠奪和鴉片的大量湧入，國家財政基本上瀕於崩潰。道光一個吝嗇到家的帝王最後把國家的老本幾乎賠光，歷史真是開了一個天大的玩笑。

誰也不情願賣國，道光在禁煙、抗擊英國人入侵上的態度是堅決的。而林則徐、鄧廷楨虎門銷煙，廣東水師提督關天培數百人在守衛虎門時壯烈殉國，廈門總兵江繼雲在抵抗中力戰犧牲，定海三總兵葛雲飛、鄭國鴻、王錫朋率兵英勇抵抗，全部殉國，兩江總督裕謙登鎮江城督戰，城陷自殺謝罪而死。這些英靈不應當因國辱而被人們忘記。

內亂和外辱使得道光大傷元氣，道光三十年（1850年）正月，道光在圓明園慎德堂逝世，諡效天符運立中體正至文聖武智勇仁慈儉勤孝敏寬定成皇帝，廟號宣宗，葬於河北省易縣北寧山的慕陵。

旻寧
清宣宗

志大才疏的奕詝

清文宗 咸豐

1850-1861

咸豐是清朝入關後的第七位帝王，中國近代史的許多著名事件都發生於他在位期間，太平天國之亂，英法聯軍發動第二次鴉片戰爭，火燒圓明園……，他整日疲於應對，卻只是眾多事件的點綴和陪襯，他似乎並不像一位皇帝，倒像是棋盤上任由別人挪動的棋子。

清文宗咸豐像

兄弟相競
智者勝出

道光十一年（1831 年），奕詝生於北京圓明園的湛靜齋，後改叫基福堂，他是道光的第四子，母親是孝全成皇后鈕祜祿氏。鈕氏在道光跟前很受寵，由全妃晉冊封為全貴妃，生咸豐後，因皇后病逝又被封為皇貴妃，不久被冊封為皇后。

道光二十年（1840 年），奕詝的生母病故，這時奕詝才不到十歲。但幸運的是靜貴妃接手照顧他，使他雖然失去了母親，但卻沒有失去母愛，靜貴妃像對自己的孩子一樣對待奕詝，時時處處地關心、照顧他。奕詝雖小，但非常懂事，很感激和尊重靜貴妃。這個靜貴妃的親生兒子是中國近代史上一個知名度很高的人物——奕訢，生性聰明，活潑好動，因排行老六，人稱「鬼子六」，後被封為和碩恭親王，如今北京後海有座「恭王府」，即是他的宅邸。

奕詝跟奕訢年齡相仿，兩人雖是兄弟，但性格很不一樣，奕詝沉穩，奕訢好動，奕詝渾樸，奕訢機靈，奕詝謙恭溫和，奕訢爭強好勝，奕詝不如奕訢聰明和富有才氣。兄弟二人一起學習的時候，奕訢鑽研武功，發明了槍法二十八式，刀法十八式。道光對這個兒子很喜歡，給他的刀槍分別賜名為「寶鍔宣威」和「棣華協力」。

隨着孩子慢慢長大，立誰為儲就成為道光要面臨的問題。道光一生有二十多個后妃，生有九個皇子，但殤的殤、小的小，只有奕詝和奕訢兩人符合條件，也都深得道光的喜愛。該立誰呢？道光頗費躊躇，兩個孩子都不錯，也都具備繼位的資格，奕詝為正宮皇后所生，而且年長，按照慣例和傳統，理應立儲；而奕訢聰明伶俐，才華出眾，相貌和行為跟道光特別像，雖是庶出而年少，但道光對他比較偏愛，所以，立儲一事懸而未決。

道光晚年，一天想考察一下他們，派人去宣召。兄弟二人一聽父皇召

見，知道事關重大，忙跑去請教各自的師傅。奕訢的師傅卓秉恬說：「如果皇上有何垂詢，要知無不言，言無不盡。」這屬於實力派，他要弟子充分展示自己的才華；奕詝的老師杜受田則跟奕詝說：「若談古論今，條陳時政，你的才識絕不如六爺。只有一個辦法，如果皇上自言老病，將不久於帝位，你伏地痛哭，以表孺慕之誠。」這「鬥」的不是實力，而是心計。奕詝按照師傅的教誨去做，果然奏效，道光深感奕詝有仁慈孝親之心，非常高興。又一次，春暖花開，道光去南苑狩獵，讓諸皇子隨往。道光和皇子們興致很高，紛紛開弓放箭，策馬揚鞭。結束時清點獵物，奕訢的最多，而奕詝卻支箭未發。道光不解其因，便問，奕詝答：「現在正值春天，鳥獸孳育，我不忍傷害天下生靈，干擾自然界的和諧。」又把道光哄高興了，說：「這才是有道明君的話呀！」經歷幾件事，奕詝確立了在父皇心目中的地位，當然奕訢也不能虧待，道光於二十六年（1846 年）朱諭：「皇四子奕詝立為皇太子，皇六子奕訢封為親王。」按照清室的規矩，將諭旨密封藏於乾清宮的匾額之後。道光三十年（1850 年），道光死，年方二十的奕詝正式即位，改元咸豐。

咸豐即位後的第一件事兒就是發佈諭旨布恩天下，按照父皇的遺囑，封奕訢為恭親王，其他幾個弟弟也封為親王或郡王，還追封了幾個死去的兄長。他念及奕訢與自己從小的情誼，也鑒於他的才能，任命其為軍機大臣，不久又以親王身份任軍機處領班大臣。咸豐時常召見奕訢，共議國事。但奕訢恃才傲物，妄自尊大，在咸豐面前多有越軌之處。咸豐看在眼裡，念及手足及靜貴妃多年的養育之恩而寬容對待，但兩人的關係已發生了變化，由冷淡到疏遠，再到相互猜忌，最後因靜貴妃受封一事而公開化。

靜貴妃在咸豐生母死後被封為皇貴妃，管理六宮事務。按照冊立的規矩，咸豐當時被密立為太子，靜貴妃就不能再冊封為皇后了。咸豐即位後，尊封她為康慈皇貴太妃，而且感激老太太的撫愛之恩，經常去其寢宮看望。但老太太心有不滿，認為我撫養了你多年，如今你做了皇帝，應當封我為皇太后，奕訢自然也想給母親爭得太后的名銜，自己也可借此而提高地位。咸豐對此事不認可，因為先帝的嬪妃被嗣皇帝尊封為皇太后

沒有先例，所以，母子倆屢次提出，咸豐都沒有答應。咸豐五年（1855年），靜貴妃病危，咸豐前去探望，正好奕訢從母親屋裡出來，立刻跪倒痛哭失聲，說：「母親快不行了，看老人家的眼神就期待着這個封號。」咸豐沒想到奕訢會在這時提出此事，嘴裡隨着「哼哼」了兩聲。奕訢認為這就是答應了，於是趕快跑到軍機處，傳咸豐的聖旨，封老太太為皇太后，馬上準備冊封典禮。咸豐見奕訢等人已將此事辦了，很是氣惱，認為奕訢是在捉弄他，但事已至此，也不好改了，只好認定下來，尊靜貴妃為康慈皇太后。但事後愈想愈生氣，從而加劇了對奕訢的不滿。靜貴妃過世，咸豐下令減其喪禮的規格，沒按皇太后的禮儀發喪，在給靜貴妃上諡號時也沒加道光宣宗成皇帝的「成」字，開了清代皇后不繫皇帝諡號的特例。

同時，咸豐頒佈諭旨，以恭親王奕訢「於一切禮儀多有疏略之處」為由，罷免了其軍機大臣的職務，並將宗人府宗令、正黃旗滿洲都統空缺，不准奕訢主持康慈皇太后的喪事，並警告奕訢今後要「自知敬慎，勿在蹈愆」。後來咸豐雖對奕訢還有所照顧，但今非昔比，直到咸豐臨死，奕訢也沒有得到重用。

有志革新
清剿寇賊

當年嘉慶親政便拿乾隆寵臣和珅試刀，而咸豐登基後立刻把目光瞄準了道光的寵臣穆彰阿。穆彰阿是滿鑲藍旗，嘉慶朝的進士，歷任內務府大臣、步兵統領、兵部尚書、吏部尚書、大學士等職，可謂權傾朝野。他靠投機鑽營、阿諛奉承，深得道光的信任，任軍機大臣二十餘年；他在朝廷中勢力很大，門生故吏遍佈朝野，人們稱之為「穆黨」。在第一次鴉片戰爭前他包庇走私煙販和受賄官員，從中撈取好處；禁煙開始，他又暗中作梗，誣陷林則徐、鄧廷楨等人，支持琦善。對此，咸豐在作皇子時就常有所聞，非常痛恨，但苦於無權，登基後便進行準備，在十個

月後發佈諭旨，宣佈穆彰阿的罪狀，斥其妒賢嫉能，結黨營私，誣陷忠良，「有些大臣雖盡忠盡力，但有礙於己，必欲陷之；有些無恥之徒早喪盡天良，但同惡相濟，必欲全之。」說穆彰阿揣摩以逢主意，因寵竊位，對其革職永不續用。

在處置穆彰阿的同時，咸豐還懲罰了大學士耆英。耆英是滿正藍旗，愛新覺羅氏，歷任副都統、侍郎、盛京將軍等，鴉片戰爭期間，他擔任廣州將軍、杭州將軍、欽差大臣，力主妥協，代表清政府簽訂了《南京條約》，迫於英國公使璞鼎查的壓力，誣陷在台灣抗英的總兵達洪阿、台灣道姚瑩，致使二人被革職。咸豐發佈諭旨，指斥耆英與穆彰阿狼狽為奸、沆瀣一氣、抑民奉夷、貽害國家，給予貶官處分。

為扭轉局面，咸豐自己也選拔了一批他認為有才華的人，包括父皇臨終所托顧命大臣怡親王載垣、鄭親王瑞華以及穆蔭等新人。

在咸豐所提拔的人中，有一個非常重要的人物：肅順。道光時肅順職位不高，瑞華將其薦舉給咸豐，得到賞識和重用。肅順推崇法家治術，主張為政要嚴，只有重刑屬典才能挽救頹風，穩定清王朝的統治，符合咸豐的治政理念。肅順從此青雲直上，先後擔任內閣學士、戶部侍郎、左都御史、理藩院尚書兼都統、御前大臣、內務府大臣以及戶部尚書、協辦大學士、侍衛內大臣等要職，咸豐對他十分倚重，幾乎到了言聽計從的地步，凡事都要與其密商。肅順受到重用，變得春風得意，目中無人，大政獨攬，以致造成了朝間力量的失衡，為日後的血腥爭鬥埋下了隱患。

咸豐初年，科舉考試的弊端盡顯，考場上向考官遞條子非常盛行，在大庭廣眾之下毫不避諱，條子上畫幾個圈就代表送幾百金。使錢的不學無術也可金榜題名，正直、貧困的雖滿腹經綸也往往名落孫山。咸豐八年（1858年），順天府鄉試，一個整天混跡梨園的人竟入甲前十，京師輿論譁然，人們紛紛議論：「優伶也能高中了。」咸豐經過查實，將主考的內閣大學士柏葰、副考官戶部尚書朱鳳標、左都御史程庭桂革職入獄，當然這其中有柏葰與肅順等人不和的原因，但作弊亦是實情。

自乾隆末年國庫匱乏，管理混亂，官吏乘機貪污，中飽私囊。咸豐即位後雖立志整頓，但無從下手，問題變得愈發嚴重。戶部只得大量鑄錢，添設「寶鈔處」、「官錢總局」分管其事，開設官號，招聘商人辦理，結果搞得更加混亂。肅順在檢查「寶鈔處」所列欠款時發現與「官錢總局」的存檔不符，奏請究治，咸豐遂下令追查，結果查出巨額貪污案，贓款竟達到千萬兩以上，這其中有着派系矛盾，但事實確鑿，咸豐處理了一批涉案的官員。

咸豐即位後中國所發生最大的事情之一是太平天國之亂。在咸豐即位的當年（1850年），洪秀全等人在廣西金田村發動民變，建號太平天國。咸豐感到非常震驚和氣惱，立刻派兵圍剿。但清軍雖人多勢眾，窮追不捨，卻未將太平軍剿滅，相反，在洪秀全、楊秀清等人的率領下，太平軍擺脫圍堵，出廣西、入湖南、進湖北，於咸豐二年（1852年）連克漢陽、漢口，直逼武昌。咸豐感到事情不妙，立刻派提督向榮、湖廣總督徐廣縉專救武昌，兩江總督陸建瀛馳援湖北，河南巡撫琦善為欽差大臣增援武昌，但一切都晚了，太平軍於十二月四日攻下武昌，威脅蘇、皖，震撼豫、蜀。咸豐接到奏報後驚恐萬狀，臉色大變，連連嘟囔「愧恨，愧恨！」並發出了「顧瞻南服，寢饋難安」的哀歎。

太平軍攻陷武昌，形勢急轉直下。其擁眾數十萬，雄踞華中重鎮，水陸交通暢通，咸豐被迫放棄「就地圍殲」的策略，改為「以堵為剿」，一方面屯兵武昌城下，另一方面加強北線的防禦，防止太平軍進逼北京。可太平軍卻揮師東下，於咸豐三年（1853年）佔領南京，改名天京，建立政權。

咸豐命清軍聚集在南京城下，伺機攻擊。向榮率部一萬七千人駐紮在紫金山一帶，稱「江南大營」，欽差大臣琦善、直隸提督陳金綬、內閣學士勝保領兵屯駐在揚州城外，稱「江北大營」。但太平軍並未被控制着，而是北伐、西征，當北伐軍進逼天津對京城構成威脅時，咸豐驚恐萬狀，那些王公大臣則面面相對，毫無辦法。他認識到那些曾為大清王朝開拓疆土的八旗兵、綠營兵已經衰敗。

咸豐聽取有些大臣的意見籌辦團練。團練即地方興辦的地主武裝，早於唐代就有，清代初期曾招募鄉兵，但旋募旋散，屬於臨時性的，當年嘉慶就是依靠團練鎮壓了白蓮教。咸豐命各省操辦團練，並任命了眾多團練大臣。團練在對抗太平軍方面起到了至關重要的作用，其中最為著名的首推曾國藩的湘軍。

曾國藩是湖南人，道光十八年（1838年）進士，官至禮部侍郎。咸豐二年（1852年）因喪母回籍守制，咸豐命其為幫辦團練大臣。當時湖南各地的團練很多，其中以江忠源的「楚勇」和羅澤南的「湘勇」比較著名，曾國藩以羅澤南的三營湘勇為基礎，另立營制，編練成一支新型的部隊，人稱「湘軍」。湘軍組織嚴密，訓練有素，具有很強的戰鬥力，成為太平軍的剋星。

咸豐明白，要發揮軍隊的力量必須得有實力的幹將。而清是滿人的政權，對漢官既拉攏又壓制，特別是在軍事上，絕不能讓漢官獨掌軍權。太平天國定都南京後，清朝形勢岌岌可危，滿洲貴族也意識到漢官掌兵及地方團練的必要性。軍機大臣文慶對咸豐說：「他們多從田間來，知道民眾疾苦，熟諳情偽，不像我們一樣，未出國都一步，懵然無計。」咸豐採納文慶建議，讓曾國藩領湘軍抗擊太平軍。但咸豐的決定也曾受到了滿洲貴族甚至漢族官僚的反對，加之湘軍在開戰初期經常失利，不少官員抓住把柄說切不可重用漢人。咸豐四年（1854年），曾國藩不負聖望，在與太平軍的對壘中取勝，把太平軍逼出湖南，收復岳州、武昌，消息傳來，咸豐非常高興，頗為得意地向群臣講：「沒想到曾國藩一介書生，竟能立此奇功。」

但體仁閣大學士兼戶部尚書祁俊藻對咸豐說：「曾國藩以侍郎在籍，猶如匹夫！匹夫居閭里，一呼百應，隨從者萬餘人，恐怕不是國家的福氣啊！」咸豐一想也是，湘軍為曾國藩的嫡系，骨幹都為他所提拔，實際上就是他的私人軍隊。在朝臣的鼓動下，他採取了兩手策略，一是寄希望於江南、江北大營，尤其是江北大營，優先供給火器、糧餉，期冀其取勝能給八旗兵撈回面子；另一是在表彰曾國藩的同時任命滿人官文為

湖廣總督、欽差大臣，總攬長江中游的一切軍政事務，任命滿人塔齊布、都興阿、多隆阿等為戰將，或直接插手湘軍，或領八旗軍、綠營兵配合湘軍作戰。對於曾國藩是只讓其賣命，而不給其實權。咸豐七年（1857年），曾國藩因父喪回籍，湖北巡撫胡林翼暗示咸豐應讓曾國藩領兵，給事中李鶴年也請求咸豐重用曾國藩，咸豐都沒答應。

但咸豐錯了，咸豐六年（1856年），江北、江南大營不堪一擊，均被擊破，欽差大臣向榮斃命，另一名欽差大臣托明阿被革職；同年，太平天國內訌，清軍重啟兩大營，但江北大營於第二年被太平軍陳玉成部擊破，統帥正黃旗人德興阿被革職；江南大營於次年被陳玉成、李秀成摧毀，正黃旗欽差大臣和春落水而亡。而湘軍在曾國藩的經營下愈發壯大，成為清廷圍剿太平軍最有力的軍隊。這時咸豐無論從感情上還是做法上都發生了變化，再加上肅順對有才華的漢官的諫舉，終於消除了對曾國藩及湘軍的戒心和成見，咸豐十年（1860年），任命曾國藩為兩江總督兼欽差大臣，督辦江南軍務，大江南北水陸各軍具悉歸其節制。曾國藩治軍有方，作戰威猛，而且作為學者，在治政、治學、治家等方面都有造就，頗具人格魅力。

妥協退讓
客死他鄉

在咸豐為鎮壓太平天國被搞得焦頭爛額之時，咸豐六年（1856年）九月，英國以「亞羅號事件」為藉口，進犯廣州，之後法國又以「馬神甫事件」為口實，與英國人聯合對中國發動了第二次鴉片戰爭。咸豐不得不在對付太平天國的同時，應對英法聯軍的入侵。有第一次鴉片戰爭的前塵，從戰爭一開始咸豐就「未戰先怯」。

戰爭伊始，咸豐諭令兩廣總督葉名琛：「此次開釁，不勝固然令人擔憂，也有損國家體面；勝則洋人必來報復，奔赴各口訴冤。現在中國境內尚

未安平，豈可在沿海另起風波？」按咸豐的意思，如果英人自悔返悟，要設法駕馭，以泯事端；如其仍恃強欺人，斷不可任意遷就議和。這讓葉名琛可怎麼把握呢？結果咸豐七年（1857 年），英法聯軍攻入廣州，葉名琛「不戰不和不守，不死不降不走」的應對方式成為古今中外的一件奇聞，最後被英軍俘虜，客死印度。咸豐聞報後氣壞了，尤其是總督被掠，實在太丟人了。他下令廣州將軍穆克德納、廣東巡撫柏貴等人，讓他們先以情理說服英法，如其退出廣州城，要求通商，可相機籌辦，以示和好；如其不肯退出，則要調集兵勇，用武力驅逐出城。咸豐叮囑穆克德納：「辦理此事，固然不可失之太剛，亦不可失之太柔，致生洋人輕視中國之心，是為至要。」這完全是一種文字遊戲。

英法聯軍佔領廣州並沒有達到目的，為進一步獲利他們揮師北上，英、法、俄、美四國的公使也隨軍前往，咸豐八年（1858 年）三月，到達天津白河口。四國公使發出照會，提出和談條款，要求清廷派全權大臣到大沽談判。咸豐只好派直隸總督譚廷襄與眾國交涉。其實列強根本就沒有和談誠意，四月八日，進攻大沽炮台，清軍雖進行了抵抗，但根本頂不住，炮台失守。咸豐又派托明阿去天津協同譚廷襄進行交涉，同時調兵遣將加強京津一帶的防務，命蒙古族親王僧格林沁率京營兵赴通州防堵，調察哈爾、熱河、綏遠以及吉林、黑龍江的清兵到京，授僧格林沁為欽差大臣關防，督辦軍務。咸豐意識到，天津鄰近北京，如果在此興兵作戰，無異於薪上玩火。所以，他又派大學士桂良、吏部尚書花沙納到天津與幾國的公使議和，並給予「便宜行事」的權力。在英法等國武力威逼下，桂良、花沙納與之簽訂了《天津條約》。儘管咸豐對條約的內容很不滿意，但知道如不批准英法肯定會燃起戰火，只好允准。

《天津條約》簽訂後，英法美又在公使進京換約的事情上「尋釁」，於咸豐九年（1859 年）五月，出動艦隊炮轟大沽炮台，但被僧格林沁率領的守軍擊退。咸豐十年（1860 年）六月，其又糾集幾十艘兵船突入渤海灣，對清軍防地進行報復，結果在一個月內連陷北塘、大沽和天津，直逼北京。

英法等國的咄咄逼人讓咸豐身心疲憊，焦慮不安，使得他本來就不強壯的身體受到嚴重損害，經常吐血不止。他對前途悲觀失望，喪失信心，沒有心思再去考慮積蓄力量，重振江山，而是選擇了另外一種生活方式。

咸豐開始迷戀於聲色。咸豐十年（1860 年）六月，咸豐三十大壽，此時國土上戰火紛飛，但皇宮內卻是一派歌舞昇平。咸豐臨朝受賀，又率懿貴妃及後宮親眷赴圓明園設宴，命「四喜班」、「三慶班」、「雙奎班」等戲班進園演唱，對其所喜愛的戲伶給予重賞。即使在英法聯軍進攻天津時，咸豐也樂此不疲。咸豐還打破漢族女子不得入宮的祖制，從揚州等地選了名為牡丹春、海棠春、杏花春、陀羅春的四個女子入宮。

英法聯軍攻佔天津後，隨即向北京進犯。咸豐派怡親王載垣、兵部尚書穆蔭為欽差大臣，到通州與英法議和。英法表面和談，暗中卻繼續進攻，在通州八里橋擊敗清軍後，攻入北京，在圓明園、清漪園等處大肆劫掠，搶走了大批珍貴文物，放火焚毀了宮苑建築，文化藝術結晶圓明園被毀。咸豐在英法聯軍攻入北京前，以「巡狩」為名，連夜逃離京城，趕到承德，史稱「熱河避禍」，留下恭親王奕訢與洋人議和。奕訢代表清廷與英、法、俄分別簽訂了《北京條約》，並批准了《天津條約》，在《中俄北京條約》中，承認了咸豐八年（1858 年）沙俄迫使清黑龍江將軍奕山簽訂的《璦琿條約》，被沙俄割去了一百五十萬平方公里領土。

咸豐十一年（1861 年）七月，心力交瘁、荒於淫逸的咸豐死於承德。諡協天翊運執中垂謨懋德振武聖孝淵恭端仁寬敏莊儉顯皇帝，廟號文宗，葬於河北遵化清東陵的定陵。

奕訢
清文宗

輕佻放蕩的載淳

清穆宗
同治

1862-1874

同治是人們很熟悉的一位清朝皇帝，不僅因為他年幼稱帝，十九歲歸天，壽命在歷代清帝王中是最短的；而且因為他身後有一個女人，即他的生母，那個萬人所指、統治中國近五十載的慈禧太后。

清穆宗同治像

風雲變幻
母后垂簾

咸豐六年（1856 年）三月，載淳降生於紫禁城內的儲秀宮。當時，咸豐雖三宮六院，嬪妃成群，但年方二十六尚無一子，此對於平民百姓都有「不孝」之憂，更何況是一世君主，關係到社稷的長遠。因此，懿嬪葉赫那拉氏的懷孕，使咸豐異常興奮，早在前一年底，就特令懿嬪之母帶着兩個女眷住儲秀宮伺候女兒，按照宮裡的規矩這是絕對不允許的。到臨產前，咸豐又命御醫和即將出生孩子的外祖母守喜，對懿嬪千般呵護，百般照顧，載淳得以順利出生。咸豐大喜過望，當即親批朱諭：封懿嬪為懿妃，儲秀宮當值的太監給予賞賜。

咸豐沉浸在喜得貴子的歡愉之中，大清王朝將後繼有人。當然他不會知道，隨着這個孩子的出生，在不遠的將來王朝的政治格局將發生重大變化，葉赫那拉氏將通過計謀和手段，登頂政壇而成為王朝的主宰，而且一統治就是近半個世紀。

載淳是一個很幸福也很幸運的孩子，降生於帝王之家，又是獨子，享有無盡的榮華富貴，能獨享父親的鍾愛和來自多方面的照顧和恩典。在他出生後洗浴、小滿月、滿月、百祿、晬盤（周歲）等各種慶典上，他得到了父皇、皇后以及嬪妃、親王、公主們所送的各種禮物——金銀器具八百多件，衣物鞋帽五百六十多件，玉器玩物七十件，這還不算份例之內的供應。

就在載淳被愛所包圍的時候，其生母葉赫那拉氏地位也更尊貴了。慈禧出身於中等官僚家庭，父親惠征，曾任安徽寧池廣太道。她小名叫蘭兒，從小聰明伶俐，人也長得漂亮，還有一副好嗓子，音調委婉，因從小生長在南方，會唱不少江南小曲。咸豐二十歲登基，廣選秀女入宮，蘭兒被選中，於咸豐二年（1852 年）進宮，被封為蘭貴人。她聰明，也很能幹，跟周圍人的關係處得很好。一天，咸豐遊圓明園，走至「洞陰深處」，從屋內飄來陣陣歌聲，曲調優雅，悅耳動聽。次日，咸豐再去，

歌聲又起。咸豐問侍從唱歌的是何人，答曰蘭貴人。咸豐便進入「洞陰深處」，一看究竟，蘭兒拜見皇帝，舉止得體，能言善變，頗得咸豐喜歡。於是，蘭兒漸漸得寵，很快從貴人升為懿嬪，生下載淳，晉懿妃，次年，再晉懿貴妃。

在封建皇室中，嫡庶之分是很嚴格的，庶子的生母被奪子、廢黜甚至殘害的事情屢見不鮮。可懿貴妃很幸運，皇后鈕鈷祿氏很寬容，心地善良，加之她曲意迎奉，很得皇后的好感和憐愛，兩人關係處得很好，皇后還不時在咸豐面前為懿貴妃美言。

咸豐十年（1860 年）八月，英法聯軍長驅直入，逼近北京。咸豐攜家眷倉皇出逃，到承德避暑山莊，載淳也隨父母一同前往。咸豐到承德後由於受到驚悚，元氣大傷，臥床不起，他知道將不久於人世，於咸豐十一年（1861 年）七月十六日，把怡親王載垣、鄭親王瑞華、肅順、景壽、穆蔭、匡源、杜翰、焦祐瀛等八大臣召來，發佈遺詔，立載淳為皇太子，載垣等八人為「贊襄政務大臣」，輔佐載淳。第二天咸豐死，年僅四歲的載淳繼位，擬改年號「祺祥」。但這個年號尚未正式使用宮廷便發生了變故，從而改變了咸豐生前的政治安排，同治的人生也隨之發生了轉變。

咸豐生前，肅順等人很受信任，權力很大，使得慈禧心存忌恨。而肅順等人並沒有把這個女人放在眼裡，也沒有意識到這個女人所具有的巨大能量和野心，咸豐死後，肅順等人以顧命大臣名義執掌朝政，尊封鈕鈷祿氏和慈禧為皇太后，因二人在承德分別居住在東宮和西宮，所以，分別稱為東太后和西太后。慈禧與肅順等人暗自較勁兒，一場變故不可避免。

慈禧此時展示出很高的政治才能，她意識到與肅順等人之間是一場你死我活的鬥爭，而要板倒他們，必須贏得東太后的同意和支持，兩人必須同舟共濟，於是她向東太后提出了要爭權的打算。東太后性格溫和，膽小怕事，對權力並沒有慈禧那麼強的奢求，所以，對慈禧的提議並未應允。但慈禧一再分析肅順等人處事專橫，仗勢壓制宮眷，並告誡說只有奪權，才能免為他人魚肉。說得東太后動了心，建議找奕訢商量。肅順一派屬於朝臣，當初受咸豐支持總攬朝政；而慈禧是「后黨」，拉攏東

太后、奕訢，都屬於皇親。如果按實力和名望講，肅順等人應當處於上風，但他們卻犯了不解時務及輕視對手的錯誤；而慈禧一派做事隱秘、務實，另外還有個重要人物相助，即人稱「鬼子六」的奕訢。

奕訢才能出眾，膽識過人，在競爭太子時與咸豐不合，鬱鬱而不得志。咸豐逃往熱河，他被留在北京收拾殘局。咸豐死，他卻連個顧命大臣都沒當上，很是生氣，肅順等人傳旨，讓他繼續留在京城，不必來承德處理喪事，更引發了他的不滿。慈禧和東太后找他商議奪權的事兒，無疑是找對了人。咸豐十一年（1861 年）八月，奕訢秘密來到熱河，與兩太后密謀，三人都覺得要想收拾肅順等八大臣，在熱河不行，必須返回京城，決定讓奕訢立刻返京，為政變作準備，進行策應。

在奕訢回京的當天，山東道監察御史董元醇上奏，說皇帝年幼，應當明白宣示，讓皇太后暫時權理朝政，左右不得干預。載垣、肅順等人見奏後怒不可遏，當即以皇帝名義發佈諭旨，指出清朝向無皇太后垂簾聽政的先例，痛斥董元醇不負責任。慈禧見到上諭，召見肅順等人，結果雙方爭吵起來，載垣說：「我們奉命贊襄政務，不能聽命於太后，請太后看奏摺也是多餘的事。」杜翰也說：「如果太后輕信人言，我們不能奉命。」載淳正在場，他見到大人爭吵，不解其意，拽着母親的衣角號啕大哭。肅順等人堅決主張發諭批駁董元醇，慈禧不同意，雙方不歡而散，後來還是按照肅順等人的意思發佈了諭旨。在較量中佔了上風，肅順等人愈發覺得慈禧不是對手，不免沾沾自喜，於是放鬆了戒備。而慈禧被激怒，更加深了對肅順等人的仇恨，也加緊了與奕訢的聯繫和準備。

形勢見緩，慈禧提出回京，肅順等人並未意識到其中隱藏的殺機，竟同意了。從此能看出肅順等人缺乏政治警覺，但慈禧的政治智慧及組織策劃能力遠遠超乎他們的想像。九月二十三日，皇室和朝臣護送咸豐的梓宮回京，早晨，在進行了必要的儀式後，兩太后及載淳乘轎率先啟程，讓載垣、瑞華、景壽、穆蔭等人隨行，而讓肅順跟隨梓宮在後。這樣就把幾個人分開，特別是把最難對付的肅順甩在了後面，慈禧派醇親王奕譞緊緊「盯」住他。

載淳
清穆宗

九月二十九日，兩太后、載淳及隨行的載垣等人到達北京德勝門外，奕訢率官員及軍隊早在此迎候，慈禧下令，瞬即「收治」了載垣等幾個人困馬乏的贊襄大臣，隨後又將肅順羈押。慈禧、奕訢準備充分，兵不血刃，而肅順等人則完全沒有防備，眼睜睜地束手就擒。次日，慈禧命頒佈諭旨，將載垣、肅順等八人解職拿問，緊接着頒佈上諭：令載垣、瑞華加恩自盡，肅順加恩立斬，其他五人革職或流放。至此，慈禧迅速擊垮了以肅順為代表的朝臣勢力，完全地控制了局面，史稱「辛酉政變」或「祺祥政變」。

十月九日，載淳在太和殿正式登基，原在熱河確定的「祺祥」年號廢棄，改用「同治」，即兩宮太后臨朝而治的意思。皇帝年幼，不能主政，由東、西太后「垂簾聽政」，朝廷制定了「垂簾」的章程。十一月初一，兩太后及同治到養心殿接受眾臣朝拜，自此，清朝以一種特殊的政治構架進入了新的歷程。

受制於母
心生逆反

「熱河避禍」以及慈禧策動「辛酉政變」，都是在同治懵然不知的情況下進行的，一個四歲的孩子，沒有任何分辨和處事能力，只能任由形勢變幻和別人擺佈，並搞不明白其中的奧秘和事件的嚴酷。對抗中，雙方並沒有把他當回事，但卻都把他作為一個重要的籌碼，「挾天子以令諸侯」，慈禧正是因為擁有他、最充分地利用他而取得了政變的勝利。

榮登皇位，但對於小同治來講似乎並不快活，首先他要及早地結束快樂的童年，去幹他並不喜歡甚至感到很麻煩的事情，整日身陷繁縟的禮儀；其次他臨朝處政，身後總坐着兩個女人，大小事都由她們做主，自己只是個「擺設」，年齡小時還無所謂，年齡稍大自然會感到很不自在。對前一層煩惱會隨着年齡的增長慢慢淡化，而後一層煩惱則會隨着年齡的

增長變得愈發強烈，成為心病，產生逆反。

慈禧是一個權力欲極強的人。她將權力把持得很緊，對朝政操控甚嚴，天下大事，官員任免，都要經她手處理，容不得有些許疏漏，更容不得別人插手；同時，她又不可能超越女性的特徵，甚至表現得更為明顯，事無巨細、心胸狹窄、錙銖必較、無事生非。同治讓這樣一個女人成天管着，儘管是自己的母親，可實在是一件非常痛苦的事。

但說來也怪了，同治稱帝的幾年，雖不能說天下太平，但卻相對平靜，《清史稿‧穆宗本紀》載：「穆宗沖齡即祚，母后垂簾。國運中興，十年之間，盜賊剗平，中外乂安。非夫宮府一體，將相協和，何以臻茲！」當時太平天國和捻軍都被平息，第二次鴉片戰爭結束，而八國聯軍還未組織發動，這就形成了一個相對緩和、發展的時期，有史家稱之為「同治中興」。

讓同治最受不了的是慈禧管他的私生活。在慈禧眼裡，他並不是個皇帝，而是自己的兒子。所以，對同治事事要管，特別是他的婚姻。這恐怕是天下母親的通性，本來無可厚非，但慈禧干涉主要出於政治目的，就讓同治更反感了。同治八年（1869 年），同治已年滿十四歲，按照先例他該舉行大婚了，而大婚之後就要親政，慈禧因不願意歸政，所以，極力阻止，一拖再拖。到同治十一年（1872 年），同治十七了，慈禧實在沒有理由再拖下去，不得已為兒子議婚。在備選的女子當中，有侍郎鳳秀之女富察氏和侍郎崇綺之女阿魯特氏。東太后覺得富察氏不穩重，喜歡阿魯特氏，主張立其為皇后；而慈禧則不喜歡阿魯特氏，因為是鄭親王瑞華的外甥女，她不願意把皇后的位子讓給這個政敵的親戚，想立富察氏。東太后對慈禧說：「鳳秀的女兒太輕佻，怎麼能立為皇后呢？只能當個貴人。」這話讓慈禧聽了不舒服，因為慈禧就是貴人出身。兩人的意見相左，就讓同治自己拿主意，沒想到同治並不順着慈禧，表示喜歡阿魯特氏。慈禧弄得很尷尬，但也只能如此了。九月，同治舉行大婚典禮，阿魯特氏入宮被封為孝哲毅皇后，富察氏被封為慧妃。

婚後同治和孝哲毅皇后的感情很好，兩人情投意合，相親相愛。但慈禧

卻有意地挑撥小兩口的關係，常對同治說：「皇后太年輕，不懂禮節，皇上不要常到中宮去，以免妨礙政務。」並常誇獎慧妃，說其賢慧，要同治多加眷愛。另外，慈禧還安排眼線對同治時時處處進行監視，同治對慈禧的做法很反感，便拗着性子偏不按她說的去做，索性對皇后和慧妃誰也不理，自己居住在乾清宮，以示對慈禧的抗議。

同治對慈禧的抗議還表現在對她的寵臣上，特別是對大太監安德海。安德海人稱「小安子」，他依仗慈禧的權勢，為所欲為，壓制群僚，干預國政。同治小的時候就常聽人說起他的劣跡，非常討厭，長到十來歲有次他抓住機會在眾人前訓斥這個太監，弄得安很狼狽。這傢伙跑到慈禧那兒去告狀，編造同治的種種不是，結果慈禧把同治叫去訓了一頓，更使同治對其不滿。為發洩怒氣，同治在宮中讓人做了許多泥人，用刀砍、腳踩，有人問這是幹啥，他說：「殺小安子。」同治八年（1869年）秋，安德海為討好慈禧，提出要到南方為慈禧採辦衣料。按照清朝祖制，太監是不能隨便出京的，可慈禧卻暗中應允。安德海出京後耀武揚威，巧取豪奪，弄得地方官頭疼不已。到山東後，巡撫丁寶禎非常瞧不慣這小子，以「太監私自出宮，違背祖制，而且本大臣沒有接到朝廷的命令，必詐無疑」為由，將其逮捕，上報朝廷。當時慈禧正生病，奕訢實際上也是不想告訴慈禧，便去找東太后商量，因為他們倆都看不貫安德海，徵得同治同意，傳諭按照清朝家法，格殺勿論。當慈禧知道後，安德海已在濟南被處決了。慈禧勃然大怒，但又不好跟東太后和奕訢發火，便把同治叫來訓斥。同治內心竊喜，表面裝作滿不在乎的樣子說：「殺一個小太監有什麼大不了的事。」任憑慈禧發火，根本不理睬。

可有一件事同治特別尊重母親，跟慈禧步調一致，即在他主政後，慈禧提出想修圓明園，他立刻表示同意，說要給母親提供一個好的休養場所。同治十二年（1873年），同治頒佈諭旨，要求修復圓明園，結果在朝廷中引起極大反響。因為修園要花費大量銀兩，給朝廷帶來沉重的負擔。御史沈淮率先上疏，請求緩修，同治特別生氣，把沈淮叫來訓斥；之後又有一個御史游百川也上疏諫阻，同治更加生氣，頒佈諭旨，說修復圓明園是為了孝親，游百川是欺負他年幼，將其革職；還警告群臣，不要

再提異議。同治不顧群臣反對，一意孤行，說來是孝敬慈禧，實際上他是想把她支走，自己好擺脫控制，獨立從政。

修復圓明園絕非易事，工程浩大，耗資甚巨。原本就不同意但又不好說話的恭親王奕訢不得不出面了，同治十三年（1874年）奕訢上疏，請求同治停修圓明園，並指出同治一些不合祖制的生活作風和行為，如在內宮同太監打鬧、出宮遊玩、不用心讀書等。奏疏上後，奕訢怕同治看不明白，又請求召見，同治不理，他又奏，同治這才見了他。奕訢將奏疏中所說的各條反覆講解，同治不耐煩地說：「我停工就是了，你何必費這麼多口舌呢？」奕訢說：「臣所奏很多，不只請求停修圓明園一事。」同治沒好氣，說：「我這個位子讓給你得了。」之後召集諸大臣上朝，指責奕訢無人臣之禮，應當重處，朱諭革黜其軍機大臣等一切職務，交宗人府嚴議。諸大臣勸阻，他才以「語言之間諸多失儀」為名，革去了其親王的世襲特權，降為郡王，但保留了其軍機大臣；幾天之後又以「朋比謀為不軌」為名，盡革奕訢和醇親王奕譞等十人的職務。兩宮太后聽到此消息後急忙趕到弘德殿，訓同治年少不懂事，同治只好又撤銷了對奕訢等人的處罰。經此風波，同治只得放棄修復圓明園的想法，但以修建西苑三海，也就是南海、中海、北海作為交換條件。

輕佻放蕩
死因紛論

同治在清歷代帝王中壽命是最短的，僅僅活了十九歲。按理說宮廷的生活條件優越，他從小並沒經歷什麼坎坷，怎麼會那麼短壽呢？對此，史料說法不一，甚至還有些遮遮掩掩，欲言又止。於是，同治的死因便成為「謎團」。按照正史，同治死於天花，也叫「痘症」，當時確實是一種很要命的病。可按坊間所傳同治並非死於天花，而是另有隱情，這就很讓人感慨了，同治怎麼會得這種病呢？一世帝王，三宮六院，粉黛如雲，他又何苦偷偷摸摸、躲躲閃閃地跑到宮外去嫖娼、狎妓，結果感染

上病毒，搭上性命，也毀了名聲呢？

同治從小大部分時間同太監們呆在一起，太監出身卑賤，多是阿諛奉承之輩，為了討小皇帝高興，經常用一些少兒不宜，君子也不宜的事物引誘他。此外，當時有個翰林院的侍讀叫王慶棋，為人不正派，初值南書房，竟暗地裡帶一些春宮書畫讓同治看，使同治看上了癮，沉溺於其中。

原本朝中安排了很好的老師負責同治的學習，咸豐在世時，任命大學士李鴻藻作為他的師傅，後又有倭仁、李棠階、翁同龢等人相繼入值弘德殿，兩太后在同治登基後發佈諭旨，讓奕訢、奕譞、綿愉等皇族負責弘德殿的事務。但是，同治長期養成的放蕩習氣使他根本不喜歡學習，為人昏沉委頓，師傅們對他要求，他根本不予理睬。而且師傅們要求愈嚴，他愈喜歡跑去接觸那些宵小之徒。師傅們雖然很下功夫，但同治的學業很差，導致他的文化水準很低，親政後，連一些基本的經典都解釋不了，甚至連句都斷不成，根本看不懂奏摺，書寫時錯字連篇，連說話也不清楚。

同治整日呆在宮中，感到很枯燥，而且有那麼多禮法束縛，覺得很不自在，於是想方設法混出宮去。他同恭親王的兒子貝勒載澂很要好，兩人都愛穿黑衣服，經常相約出宮，遊蕩於街市、堂所，混跡於煙花柳巷。跑狗、鬥雞、娼寮、歌伎，給他們帶來了強烈的刺激。

同治的放蕩使得他染上了病毒，身體很快垮了下來。同治十三年（1874年）十月，同治視察「三海」工程回來，感到身體不適，原以為是勞累所致，休息幾天即可痊癒，誰知竟發起了高燒，數日不退，身上出現大塊兒的紅腫，向外滲出膿血。御醫診視，甚是驚慌，實際上知道病情，但卻不敢說出。於是奏請慈禧，慈禧心裡也明白，但為了保全皇家的聲譽，便說是天花。御醫按照天花去治，當然不可能有療效。同治非常痛苦，對御醫說：「我的病不是天花，為什麼按天花來治呢？」從此，同治的病情不斷加重。孝哲毅皇后經常去探視，進行勸慰，並親自幫其擦去膿血，以盡夫妻之情。但慈禧卻沒給予絲毫的母愛，反而遷怒於孝哲毅皇后，同治悲痛欲絕，但已無力抗爭。

同治深知將不久於人世。他召來師傅、軍機大臣李鴻藻口授遺詔，要求他死後找一個年齡稍大的承繼大統，以避免自己的悲劇。李鴻藻拿着遺詔退出，踉踉蹌蹌地去稟報慈禧。慈禧見詔後暴跳如雷，當場撕毀並拽到地上，下令盡斷同治的醫藥飲食，不許任何人入同治的寢宮一步。

同治十三年（1874 年）十二月五日，同治死於養心殿東暖閣，死時才十九歲。孝哲毅皇后數日之後殉節而亡。同治謚繼天開運中居正寶大定功聖智誠孝信敏寬毅皇帝，廟號穆宗，葬於河北遵化清東陵之惠陵。

清穆宗
載淳

奮力抗爭的載湉

清德宗
光緒

1875-1908

講愛新覺羅・載湉即光緒皇帝，在位期間清王朝走向徹底崩潰，甲午海戰慘敗、八國聯軍入侵、簽定辛丑合約等等令人痛心不已。面對頹勢，光緒接受康有為、梁啟超等人上書，立志變法，堅意圖強，領思想、機制變革之先，堪稱中國社會改良的先驅，儘管他表現得幼稚、軟弱和孤單；因保守勢力過於強大，變法終歸於失敗，但歷史不會忘記他的奮爭與努力。

清德宗光緒像

慈禧操控
承得兄位

同治十年（1871年）六月，載湉出生於北京宣武門內太平湖邊的醇王府，為醇親王奕譞的第二子。如果按照通常的情況，他絕不具備繼承皇位的資格。可他的堂兄同治十九歲病亡，沒有子嗣。按照清代的祖制，應當從下一代溥字輩的人中挑選一人來繼承皇位。但是，這對於實際掌控朝政大權的慈禧是極不情願的。因為溥字輩的人稱帝，她將被尊為太皇太后，雖然勢高位尊，但她卻將遠離權力，因為以太皇太后的身份再垂簾聽政顯然是不恰當的。可慈禧對於權力格外看重，為得到權力她會不顧一切地去爭奪，而掌握了權力的她也絕不會輕易放棄。於是，她想到了醇親王奕譞的兒子載湉。

醇親王奕譞是道光的兒子，咸豐的弟弟。咸豐在位時他並不得志，受封為二等爵位醇郡王，後來娶了慈禧的妹妹，「辛酉政變」助慈禧登頂政壇，從此一路青雲直上。同治三年（1864年），加親王銜，十一年（1872年），受封一等爵位醇親王。載湉是醇親王的二子，兄長早殤，三弟、四弟夭折，他受父母關愛，被視為掌上明珠，要不是朝廷的變故，他可能會很安穩、平靜地度過一生。

同治死，年僅四歲的載湉被捲入了政治漩渦，而這又全為慈禧一手操縱。慈禧之所以選擇他，一則載湉年幼，與同治是同輩，她又能以太后的身份垂簾聽政；二則載湉既是她侄子，又是她外甥，其父親是嫡系，母親是胞妹，屬於親上加親。慈禧拿定主意，便在養心殿西暖閣召開御前會議，到場的有各親王、郡王、貝勒及軍機處、內務府的大臣等。當時，很多人並不知道同治已死，當問及皇帝體況，慈禧含混地回答：「皇帝無恙。」稍過片刻，慈禧問群臣：「皇上的身體很虛弱，若有不測，宗室中誰可承繼大統？」內務府大臣文錫不明就裡，說：「請擇溥字輩中的賢能者立為皇帝。」慈禧聽後很是生氣，把臉子一拉，厲聲說：「溥字輩中沒有可立為皇帝的。奕譞的兒子已四歲，且是至親，我想讓他繼位。」隨後，突然宣佈同治已死，使得舉座譁然，群臣們一個個目瞪口

載湉
清德宗

呆，不知所措。當天載湉即被迎入宮中，改元光緒。

光緒就這麼稀裡糊塗地做了皇上，離開了生身父母，來到了宮中。從關係上講，照慈禧頒佈的懿旨：「皇帝龍馭上賓，未有儲貳，不得已以醇親王奕譞之子載湉，承繼文宗顯皇帝為子，入承大統，為嗣皇帝。俟嗣皇帝生有皇子，即承繼大行皇帝為嗣。」這就是說，將光緒過繼給已去世的咸豐為子，即皇帝位，將來光緒有了兒子，再過繼給同治為嗣子。這樣一來，慈禧就名正言順地成為了光緒的母親。光緒稱帝，別說處理朝政，就是生活都不能自理，所以，大權自然而然地還掌握在慈禧手中。照慈禧所想，皇位是我爭來的，我當然要掌控大權；而你光緒是靠我坐上了皇位，理應對我感恩戴德，知恩圖報，銘記終生。所以，慈禧與光緒從一開始就形成了主宰與被主宰的關係，似乎是天經地義，命該如此。

慈禧對光緒似乎比當年對同治更關心，似乎是接受了同治的教訓。慈禧非常關心光緒的起居飲食，有時就讓小傢伙睡在自己的寢榻上。她認為這樣就能同光緒建立起深厚的「母子」感情。她不近人情地割斷了光緒與其親生父母的聯繫，精心選擇了幾個內侍伺候光緒，讓他們經常告訴小皇帝他不是醇親王的兒子，慈禧才是他唯一的母親。

慈禧在投入感情的同時還對光緒進行嚴格的管教，恩威並施，以此樹立作為太后和母親的權威和尊嚴。她給光緒定下規矩，每天早晨，必須到她的住處去問安，而且光緒磕頭請安，沒有她的允許是不能起來的，遇有慈禧不高興，光緒就得在那兒長跪。每逢慈禧外出，光緒都要隨從。在慈禧心中，光緒是她的附屬品。在如此的管教之下，光緒很怕慈禧，怕見她面，更怕聽到她發怒的聲音，以致特別害怕下雨前的雷聲。

慈禧按照封建帝王的模式從小塑造光緒，於光緒元年（1875 年）就安排他讀書，把以前嘉慶皇帝的寢宮毓慶宮闢為書房，也稱上書房，派光緒的父親奕譞進行全面的管理。光緒要學習儒家經典、帝王治術、列朝實錄、聖訓等，由大學士翁同龢、侍郎夏同善教習；另外，還要按照清廷的慣例學習滿、蒙文，習練騎射武藝等。

光緒的老師翁同龢，江蘇常熟人，才華出眾，有很高的文化修養。他們之間雖是君臣關係，但相處得很融洽，光緒非常尊重和信任先生，以致日後成為他非常倚重的人物。

光緒十三年（1887年），光緒十七歲，在那個時代已經到了結婚的年齡。而幼帝一經大婚便要親政，這就給慈禧出了道難題。慈禧經歷了同治乃至光緒大婚前的聽政，大權獨攬，非常享受權力的感覺，要想讓她放棄權力，是一件很難的事情。於是她又開始琢磨，終於想出了「訓政」的辦法。人們都說慈禧這個人壞，但她很聰明，做事總能想出其根據和理由。光緒十二年（1886年）六月，慈禧發佈懿旨，宣佈第二年舉行光緒的親政大典。對此，親信心領神會，醇親王奕譞、禮親王世鐸等人馬上上奏，懇請慈禧再訓政幾年。慈禧順水推舟，於是她和親信制定出了《訓政細則》，規定凡朝中「大事」要經過她裁決方可實行，可朝中似乎根本就沒有小事。

光緒十四年（1888年）六月，慈禧頒佈懿旨，第二年為光緒舉行大婚，並讓其親裁大政。對於「兒子」的婚事，慈禧自然不會放手，十月五日，安排光緒在體和殿選擇后妃，備選有五名女子，分別是都統桂祥的女兒，即慈禧的侄女，江西巡撫德馨的兩個女兒，禮部左侍郎長敘的兩個女兒。按照慈禧的意思，想讓光緒選自己的侄女，但她又對光緒說：「皇帝，選誰由你自己定，看中誰就授以如意。」授給誰如意就象徵着封誰為后。光緒懾於慈禧的淫威，怯生生地說：「此事當由皇爸爸主持，子臣不敢自主。」皇爸爸即對慈禧的尊稱。慈禧還裝作沒事似的堅持讓光緒自己選，光緒走到幾位女子面前，經過一番審視，走到了德馨女兒的面前，這下兒慈禧急了，大叫一聲：「皇帝！」光緒一激靈，立刻明白了慈禧的意思，趕緊走過去把如意遞給了桂祥的女兒，即受封的隆裕皇后。經此過程，慈禧看出光緒喜歡德馨的女兒，想若將其選為妃子，將來必定與侄女爭寵，她也不裝了，直接讓人把象徵選妃的荷包給了長敘的兩個女兒。至此，選后妃的活動在慈禧的蠻橫干涉下草草收場了，而這也為日後光緒的感情生活以及珍妃被害埋下了伏筆。

清德宗
載湉

后妃選定，光緒十五年（1889年）正月，光緒舉行了大婚典禮。婚後不久，在太和殿又舉行了光緒的「親政」儀式，光緒從名義上正式親政，慈禧開始不時地住進頤和園。實際上慈禧對權力並未放手，朝中的官位大部分為其親信所把持，大事小事都要經她裁斷。光緒還跟以前一樣，早晨要到慈禧處請安，慈禧安排親信時時處處監視着他的一舉一動，光緒仍然是個傀儡。

蒙受國辱
變法圖強

光緒在位，所面對的是接二連三的外辱。清代從道光朝始，西方列強屢屢入侵，強迫清廷與之簽訂了一系列割地賠款的條約。中法戰爭時光緒還在讀書，受翁同龢的影響，表現出對列強的憎恨，支持山西巡撫、後調任兩廣總督的張之洞等主戰派。馬尾海戰的慘敗、與法簽訂不平等條約，給小光緒以強烈的震撼，在他幼小的心靈中留下了痛苦的記憶。

日本自明治維新後，開始對外擴張，相鄰的中國成為其首選的目標。十九世紀末，日本多次向中國尋釁。光緒二十年（1894年）春，朝鮮爆發民變，鑒於歷史上形成的宗屬關係，清廷應邀派兵入朝幫助鎮壓。按照光緒十一年（1885年）簽訂的《中日天津條約》約定，清廷要將此事通知日本，日本借題發揮，以保護僑民為由，大量向朝鮮運兵。起義被鎮壓，清廷提出中日兩國同時撤兵，但日本卻賴着不走，反而繼續增兵，並向中國駐軍挑釁，雙方衝突一觸即發。

面對此種情況，朝廷內部出現了兩種不同的聲音，以慈禧、李鴻章為首的以主和派認為日本人不好惹，主張退讓，而且國難當頭，慈禧不但不備戰，反而大張旗鼓地籌辦她的六十壽典，裝點頤和園，肆意揮霍；以光緒為代表的主戰派則主張積極備戰，並發佈諭旨責令北洋大臣李鴻章加緊準備。

自光緒二十年（1894年）五月中日關係緊張起，光緒在主戰派的支持下，表現出了極大的備戰熱情。西方各國也為了各自的利益，提出要為中日調停，李鴻章等人對此滿懷希望，光緒則懷疑日本人的誠意，同時也相信朝廷的力量。他積極籌措錢款，為戰爭做準備，當時朝廷財政吃緊，光緒頂著挨慈禧罵的風險請求停修頤和園，把錢用在軍費上。慈禧對此非常惱怒，罵光緒不仁不孝，但迫於形勢還是同意了光緒的請求。

光緒二十年（1894年）六月底，日軍不宣而戰，襲擊中國的運兵船，向牙山中國駐軍發動進攻，中日戰爭拉開序幕。此年的干支紀年為甲午，故稱「甲午之戰」。主戰派呼聲高漲，禮部右侍郎志銳、侍讀學士文廷式等人痛斥李鴻章等人的誤國行為，請求光緒獨斷朝綱，賞罰嚴明，擴充海軍，審視邦交，以挽救抗戰大局。光緒在此激勵下，於七月一日頒佈上諭，正式向日本宣戰，令李鴻章立即派軍自衛還擊，進行圍剿。同時命令沿海各地將軍、督撫嚴守關口，加緊備戰。但是，戰局於中國非常不利，繼牙山失利後又平壤失守、大東溝海戰受挫，光緒空有滿腔的激情，卻無法左右戰局。慈禧則出面召開朝廷會議，主張求和，孫毓汶附和，志銳等人堅決反對，光緒態度堅決，提出：「冬三月，倭人畏寒，正是我進兵之時，怎能停戰？」下諭指責李鴻章指揮無方，將其革職留用，摘去頂戴。

慈禧則將主戰派骨幹志銳發配到烏里雅蘇台，強迫光緒下令處置了另一位主戰派人物安維峻。她不顧光緒等人的反對，公開派戶部侍郎張蔭桓、湖南巡撫邵友濂去日本求和。可日本認為時機尚不成熟，拒絕談判，驅逐了派去的求和代表。

光緒二十一年（1895年）正月，清在威海衛海戰中失敗，北洋水師全軍覆沒。日本認為時機成熟，向清廷表示如果派職位高、說話算數、有讓地權的官員來日，雙方便可議和。消息傳到北京，主和派和主戰派都拿不出主意，光緒和官員們悲憤交加，有的甚至聲淚俱下。慈禧按照日本的要求，打算讓李鴻章去日，而光緒表示異議。慈禧則單獨召見大臣，說明此意，奕訢說：「皇上的意思不讓李鴻章來京。」慈禧聽後勃然大怒，

說：「這個主我可以做！」授意孫毓汶草擬諭旨，任命李鴻章為首等全權大臣，宣告以前給予其的一切處分全免，賞還翎頂、黃馬褂等。

中日議和的最大難題是割地，清廷對此展開了激烈爭論。慈禧想趕緊議和，但又不願承擔罪名，李鴻章到京，她裝病不見，讓太監李蓮英告其一切遵照皇帝的旨意辦。而李鴻章也不想落此罵名，奏請光緒明確諭示是否給他「讓地」權，才能去日。光緒無奈，只得召開樞臣會議，即朝廷核心成員的會議。會上兩派爭論不休，翁同龢等人認為割地讓土是國之大辱，不能答應；孫毓汶、徐用儀等則提出不割地就無法議和，割讓疆土古已有之，如果打下去對朝廷更為不利。光緒痛苦之極，因為哪個皇帝也不想在自己的任上喪失國土，上無臉對宗祖，下無顏對百姓，可有什麼辦法呢？他只得含糊其辭地給了李鴻章以「商讓土地」的權力。

李鴻章到日本後，與日訂立了《馬關條約》。文本送到北京，光緒看到苛刻的條款，心情沉痛，百感交集，說：「割台灣則天下人心皆去，朕何以為天下主？」翁同龢、軍機大臣李鴻藻堅持不能承認這個條約，國內輿論也紛紛要求廢約再戰，並提出遷都持久抗戰的建議。而孫毓汶等人則極力勸說光緒批准條約，以保朝廷的安穩。光緒沒有簽字。但光緒知道，要想廢約再戰，必須遷都，與日本長期對峙。他跑到頤和園徵求慈禧的意見，老太太只是淡淡地說了聲「可不必」，光緒就明白了。光緒二十一年（1895年）四月初八，光緒在萬般無奈的情況下批准了《馬關條約》，這事慈禧可不跟他爭權。

甲午之戰的慘敗給光緒以沉重打擊。當時舉國哀痛，「四萬萬人齊下淚」。光緒後來推行變法即起於逆境中的反思及對世界的瞭解。甲午之戰，泱泱大國敗於「彈丸小國」之手，國際間的法則是以強凌弱和弱不敵強。保住大清江山，必須發憤圖強。

中國何以圖強？翁同龢為光緒介紹了康有為及其主張。光緒通過翁同龢開始瞭解外部世界，思想隨之發生變化。通過翁同龢等人他得到了黃遵憲的《日本國志》，康有為的《日本變政考》、《俄彼得變政考》及英人李提摩太編譯的《泰西新史攬要》、《列國變通興盛記》等書。他開

始思考着要改變中國，勵精圖治，革故鼎新，這時他看到了康有為的上書，一拍即合。

光緒看到康有為的上書，產生出強烈的共鳴，也激起了他變法圖強的信念和決心。他立即給總署諸臣下令，凡有康有為的條陳要即日呈送，不得阻滯。保守派說「祖宗之法不可變」。光緒則說：「今祖宗之地都保不住，何有於祖宗之法？」光緒二十四年（1898 年）春，康有為等人在北京成立了「保國會」，提出「保國、保種、保教」。保守派說這是招誘黨羽，犯上作亂，名為保國，實為亂國。光緒則針鋒相對：「會能保國，豈不甚善！」光緒知道，要推行變法，沒有決策權是不行的，必須徵得慈禧的認可。於是，他鼓足勇氣召見慈禧的親信慶親王奕劻，讓其轉告慈禧：「我不願做亡國之君，如仍不給我事權，寧可退位。」慈禧聽後震怒：「他不願坐這位子，我還早就不想讓他坐了。」可轉念一想，只得讓奕劻轉告光緒：「皇上辦事，太后不會阻攔。」光緒聽後長長地舒了口氣，感到踏實了不少。

光緒二十四年（1898 年）四月二十四日，光緒頒佈《明定國是》，正式宣佈變法革新。他詔令朝廷大小諸臣，上自王公，下至士庶，都要努力向上，發奮敬業。隨後光緒不斷發佈諭旨，內容涉及任用、選拔通達時務、有志維新的人才；開辦學堂、發展近代教育；鼓勵士民上書言事；提倡辦報、譯書和出國留學；發展近代工商業及交通運輸；獎勵發明創造；整頓民事，改革財政；整飭海陸軍，加強國防等。

《明定國是》頒佈的第四天，保守派就開始反擊。慈禧逼迫光緒發佈諭旨：以攬權狂悖的罪名將協辦大學士、戶部尚書翁同龢革職歸籍；規定凡授二品以上的官員都要向慈禧謝恩；將王文昭調入朝廷，榮祿任直隸總督。光緒在情緒上並未受到影響，他於次日召見康有為，地點就在離慈禧寢宮不遠的頤和園仁壽殿，同時被召見的還有總理衙門章京張元濟。寒暄後，康有為說：「現在四鄰交迫，分割將至，覆亡無日。」光緒答：「都是守舊者所導致！」康說：「皇上聖明，洞悉病源，既知守舊可致禍敗，就應該盡變舊法，維新更張。」光緒說：「是啊，今日誠

非變法不可。」康見談得投機，便敞開胸襟：「對於變法之事，臣曾經輯考各國變法之故，曲折之宜，擇其可施行於中國者，斟酌損益，力求實行，章程條理，皆以備具，若皇上決心變法，可備采擇。」光緒說：「你的條理甚是詳細。」康說：「皇上既然知道，為何久無舉動？」光緒歎了口氣，說：「朕受到種種掣肘，如何是好？」光緒說出了苦衷，康有為說：「就皇上現在之權，行可變之事，雖不能盡變，但擇要以圖，也足以救中國了。至於老耄守舊大臣，則不能依倚他們變法，請皇上勿去舊衙門，只增置新衙門，勿黜革舊大臣，只擢用小臣，多召見賢俊之士，不必加官，只委以差事，賞以卿銜，許其專摺奏事，就足夠了。」光緒茅塞頓開，醍醐灌頂，康又跟光緒談了須變革之事。當天，光緒任命康為「在總理各國事務衙門章京上行走」，允其專摺奏事。

隨着變法的展開，光緒和維新派與頑固派之間的矛盾愈發尖銳激烈。光緒以極大的勇氣，排除干擾，採取一系列措施，將變法推進一步。首先廢除舊衙門，打擊頑固分子。變法伊始，光緒按康有為提議只增新不廢舊，但保守派的干擾使他很惱怒，便打破了這一界限。他發佈諭旨，把朝廷的詹事府、通政司、光祿寺、鴻臚寺、太僕寺等部門撤掉，並把督撫同城的湖北、廣東、雲南三省巡撫、閒置的東河總督、糧道、鹽道裁撤，宣佈上下冗員一律裁撤盡淨。他利用禮部守舊派阻撓王照上書言事一事，將禮部尚書懷塔布、徐應騤、左侍郎堃岫、署左侍郎徐會灃等人革職，強調允許士民上書言事的重要性，命各部院堂官及各省督撫要及時代呈，不得阻滯。其次提拔了一批維新人才，任命漢軍督統裕祿、倉場侍郎李端棻任禮部尚書，內閣學士壽耆、原詹事府少詹事王錫蕃任禮部左侍郎，翰林院侍讀學士徐致靖、原通政司通政史薩廉任禮部右侍郎，補內閣學士闊普通武為禮部左侍郎；另外，他詔諭任命內閣侍讀楊銳、刑部主事劉光第、內閣候補中書林旭、江蘇候補知府譚嗣同在軍機章京上行走，賞加四品卿銜，參與新政。經康有為、徐致靖等人的謀劃，光緒頒佈諭旨，增設三、四、五品卿和三、四、五、六品學士職位，按品給予俸祿，相當於新增了不少官員額度，以安排主持變法的官員。第三準備模仿西方國家設立議院，開懋勤殿議事制度。對此，朝中保守派堅決反對，大學士孫家鼐危言聳聽：「若開議院，民有權而君無權矣。」

光緒答：「朕只欲救中國，若能拯救黎民，朕雖無權又有何妨？」作為一世封建帝王，能有如此境界，令人敬佩。

在光緒緊鑼密鼓、以極大的熱情推進變法之時，保守派也在醞釀反擊，而這必須要有一位統帥，於是，將目光不約而同地投向了一個人——慈禧。慈禧早就看不慣光緒的所為，更難以容忍被忽略，她耐着性子，也在等待機會。光緒可能還不知道，一場噩運正在向他慢慢襲來，而這將徹底地改變他的命運，也將決定國家的歷史走向。

瀛台被囚
抱憾溘逝

光緒二十四年（1898 年）七月下旬，光緒罷免懷塔布等人後，保守派紛紛找到慈禧要求出面制止光緒。懷塔布的老婆以前經常在頤和園伺候慈禧，能跟慈禧說上話，多次哭哭啼啼地請為自己的丈夫做主。一天，光緒到頤和園慈禧的寢宮問安，慈禧厲聲說：「九列重臣，非有大故，不可輕棄；如今你以遠間親，以新間舊，依靠康有為一人而亂家法，何以面對祖宗？」光緒分辯：「祖宗若在今日，其法也不會與以前一樣；兒臣寧願壞祖宗之法，也不願棄祖宗之民，失祖宗之地，為天下後人笑。」慈禧可沒工夫跟光緒「理論」，內心拿定主意，該做個了斷了。於是，慈禧開始與親信密謀，一面製造輿論，散佈維新派的種種不是，引發朝野的不滿；一面暗中調兵遣將，進行軍事上的準備。遵照慈禧的旨意，榮祿秘密調動聶士成的武毅軍進入天津，命董福祥的甘軍進駐到北京的長辛店。

形勢驟變，光緒立刻察覺，趕緊與維新派商量對策。七月三十日，光緒給康有為發去密詔，讓其與譚嗣同等迅速籌劃，設法相救。可光緒及維新派根本沒有實權，更沒有軍權，一下子顯得束手無策，手忙腳亂。所謂秀才造反舉步維艱。經康有為等人聯繫，八月一日、二日，光緒兩次

召見袁世凱，想借北洋軍支持維新派，對其又是封官又是許願。但光緒找錯人了，袁世凱是個城府極深、政治手腕非常高明的人物，他做事並不考慮「對錯」，而是考慮「得失」，經過一番權衡，他把「寶」押給了慈禧。八月三日，譚嗣同夜訪袁世凱，要其殺掉榮祿、包圍頤和園，袁世凱滿口答應。八月五日，光緒在會見來華遊歷的日本前首相伊藤博文後，又一次召見袁世凱，命他保衛聖躬，袁還滿口應承。但召見後袁世凱馬上乘火車趕回天津，把光緒及維新派的計劃全盤告訴給了榮祿，榮祿聽後又趕快乘車趕回了北京，把情況密報給慈禧。第二天一早，慈禧來到光緒的寢宮，光緒趕快迎出，慈禧根本不予理睬，命人搜查光緒的房間，將所有奏摺全部捲走，氣哼哼地對光緒說：「我養你二十多年，你竟聽信小人之言要謀害於我！」光緒嚇得面色如土，渾身顫慄，說：「我無此意。」慈禧啐了一口，說：「癡兒，今日無我，明日還有你嗎？」當日，慈禧以光緒名義發佈諭旨，自己重新訓政。隨後，又頒旨捉拿維新黨人。至此，變法在經歷一百零三天後歸於失敗，史稱「百日維新」。

在變法中，光緒以江山社稷為重，整頓朝綱，展現出了一位少帝難有的使命感和勇氣，具有很強的奉獻和犧牲精神。面對頑固的守舊勢力，他敢於大刀闊斧地改革，即使危險將近、變法危在旦夕之時，他所想到的也不是自身的進退，而是康有為等人的安全，他密諭康有為：「你可迅速外出，不可遲延。你一片忠愛熱腸，朕所深悉，望你愛惜身體，善自調養，將來更效馳驅，共建大業。」對於這樣的帝王，一位體質瘦弱且尚不成熟的年輕人，能做出此種舉斷，歷史還不應當給予足夠的敬重，還會有過多的指責和求全責備嗎？康有為、梁啟超正是得到光緒的密信，在劫難爆發前逃往日本，躲過一劫；譚嗣同、康廣仁、劉光第、林旭、楊銳、楊深秀被捕遇害於北京菜市口，死得非常壯烈，被稱為「戊戌六君子」。

八月六日，即變法遭扼殺的當天，慈禧在便殿召集守舊大臣到場，命光緒跪在案邊，置竹杖於座前，其情形就像審訊刑徒。慈禧厲聲道：「天下者，祖宗之天下，你怎敢任意妄為，各位大臣，皆我多年歷選，你怎能任意不用。你竟敢聽信叛逆蠱惑，變亂典刑。康有為能勝於我選用之

人？康有為之法，能勝於祖宗之法？」光緒不敢頂撞，但也不願忍氣吞聲，辯解道：「我自己固然糊塗，但洋人逼迫太急，為了保存國脈，通融試用西法，並不是聽信康有為之法。」慈禧逼光緒頒佈捉拿康有為的諭旨，將從其寢宮搜來的奏摺進行逐條批判，隨後，將其禁閉於瀛台的涵元殿。

瀛台是中南海中的一個人工小島，四面環水，一面設有吊橋。慈禧將光緒囚禁於此，選派了二十多個太監嚴加看管。每天太監過橋給光緒送去「御膳」，然後將橋板吊起，光緒的活動範圍僅限於島內。光緒非常鬱悶，望水興歎，寫下了「欲飛無羽翼，欲渡無舟楫」的詩句，哀歎道：「我還不如漢獻帝。」慈禧從內心講想廢掉光緒，但迫於外界的壓力，她又不能冒然行事。西方列強對囚禁光緒一事很關注，他們不希望中國又回到完全排外的時代，所以，寧願支持相對開明的光緒。

光緒二十五年（1899 年）冬，外界反應稍有平息，保守派再次提出要廢掉光緒，端郡王載漪、承恩公崇綺、大學士徐桐等人皆為此大肆活動。但慈禧仍懾於外界壓力，只與榮祿策劃了一個陰謀：因光緒無子，他們提出選一宗室近支過繼給同治皇帝做皇子，以便日後繼承皇位。他們以光緒的名義發佈諭旨，立端郡王之子溥儁為大阿哥，但並未敢廢掉光緒。

光緒被囚瀛台期間，中國發生了兩件大事，一是爆發了義和團事件，二是八國聯軍武裝入侵。對義和團是剿是撫，對八國聯軍是戰是和，在朝廷內部又引發爭論。光緒二十六年（1900 年）五月，慈禧在儀鸞殿召開御前會議，讓大學士、六部九卿到會，光緒也被允到位。會上，主戰主和兩派相持不下，光緒鑒於形勢，指出來敵甚眾，說「斷無同時與各國開釁的道理」。但慈禧等人此次卻一改以往怯戰求和的立場，提出要與列強宣戰。光緒幾次提出異議，但毫無作用。戰爭的結果可想而知，清軍和義和團節節敗退，北京陷落，慈禧準備出逃。這時光緒要求留下來，以便同外使談判，收拾殘局，他也好借此擺脫慈禧的控制。但慈禧知道他的心思，沒有允准，光緒只得隨慈禧西逃。

光緒是個很重也很懂感情的人，當年訂婚時受慈禧干涉，選了他並不喜

載湉
清德宗

歡的桂祥之女、慈禧的侄女為后，即隆裕皇后。隆裕長得不好看，背還
有點兒駝，性格古板，庸碌無識，光緒很不喜歡。當時還選了長敘的倆
女兒為嬪，後來晉為妃，姐姐為瑾妃，妹妹即珍妃。珍妃相貌端莊，性
格爽朗，志趣廣泛，很得光緒喜愛，兩人情投意合，相親相愛。珍妃支
持光緒的變法事業，將她們姐妹的師傅文廷式推薦給光緒，成為其助手。
光緒在變法失敗後被囚，珍妃也被慈禧命人關入了偏僻的鍾粹宮後的三
所。慈禧下令，不許光緒與珍妃相見，使得光緒痛不欲生，相思腸斷。
八國聯軍逼近，慈禧西逃前知道無法將珍妃帶走，竟殘忍地命人將其推
入一口井中溺死，害死前也沒答應光緒提出與珍妃見上一面的請求。

光緒隨慈禧西逃，所到之處淒涼凋敝，滿目瘡痍，民不聊生，令人非常
傷感。他痛恨西方列強的侵略，同時也憎恨出賣自己的袁世凱，每到一
處，總要畫一隻烏龜，上面寫上袁世凱的名字，貼在牆上，用彈弓打。
光緒二十七年（1901 年）七月二十五日，經慈禧同意，李鴻章、奕劻
等人代表清廷與列強簽訂了屈辱的《辛丑條約》。

面對國家的危亡，光緒更加懷念自己推行的新政，他堅信有朝一日還將
在華夏大地上實行變法。為了更多地瞭解世界，他抓緊時間讀書，尤其
是有關西學的書，還每日堅持學習英文。但是，政治上的失意和感情上
的受挫使他異常痛苦，身體受到極大的傷害，健康每況愈下。

光緒三十四年（1908 年）十月二十一日，他抱着終生的遺憾在瀛台的
涵元殿鬱鬱而終，終年三十八歲。對於光緒的死因人們有幾種說法，一
是自然病死，二是遇害。據現代科學考證，光緒是死於砒霜中毒，其兇
手不言自明。光緒死後諡同天崇運大中至正經文緯武仁孝睿智端儉寬勤
景皇帝，廟號德宗，葬於保定易縣清西陵之崇陵。

幼稚輕信的溥儀

1909 - 1912

任何朝代講到最後都不免帶有幾分悲涼和淒慘，清代也不例外，而且它還兼具更廣一層的涵義：中國封建社會的壽終正寢。溥儀是清朝、也是中國封建王朝的最後一位皇帝，三歲登基，在位只有區區三年，可他退位後仍在紫禁城內居住了很長一段時間，後又歷經了被逐出宮、偽滿執政、被俘改造、出獄議政、結婚成家等過程，甚至還沾了「文化大革命」的邊兒，寫出《我的前半生》一書，講述了他曲折、離奇的人生歷程。

清遜帝宣統像

溥儀（宣統・右一）與莊士敦（左一）在御花園

溥儀婉蓉夫婦

聽命政治
孺子繼統

溥儀登基時清王朝已面臨土崩瓦解，「大廈將傾，風雨飄搖」而這種頹勢在皇室的人脈傳繼上也有所反映，咸豐只有同治一個兒子，同治和光緒兩世都無子嗣，只得另行擇選。世相和人脈往往是相通的。

光緒並非生於皇宮，而是降於王府，生父為醇親王奕譞。光緒登基後，按照雍正朝時的成例，醇王府作為「潛龍邸」便不能再住人，要將其供成廟宇，例如北京的雍和宮即雍正即位前居住的王府。那奕譞住哪兒去呢？慈禧將北京後海的一處貝勒府賞賜予他，並撥了十六萬兩白銀讓其擴建修整。醇王府的新址俗稱「北府」，奕譞作為光緒的生父被加封「親王世襲罔替」，俗稱「鐵帽子王」，意思是特別堅固，世世代代都能承襲。之後，奕譞又有「親王雙俸」、在紫禁城裡能坐四人小轎等待遇。可奕譞的頭腦是很清醒的，他並沒有因為是皇帝的生父、被授予了那麼多好處而飄飄然，相反表現得很低調，很謹慎，他知道慈禧反覆無常，既然能給你好處也就能除掉你，雖然有不少攀附的官員時常迎奉，但他卻小心從事，對慈禧惟命是從。他把自己的居室稱為「思謙堂」，管書房叫「退省齋」，寫有「滿招損，謙受益」的對子，對子女也進行教育。在朝政間謙虛謹慎往往並不是一種道德修養，而是一種政治的需要。

奕譞去世，諡號「賢」，後稱醇賢親王。他有四個福晉，共生有七個兒子，前四個為嫡福晉葉赫那拉氏、即慈禧的妹妹所生，長子和三子、四子都早夭，二子過繼給了慈禧，也就是光緒帝。奕譞的後幾個兒子都為側福晉劉佳氏所生，因嫡福晉生的不是升了「天」就是入了地，所以立五子載灃繼王位，即第二代醇親王。

以普通人眼光來看，劉佳氏是很有福分的，三個兒子慢慢長大成人，自己的長子繼承了王爵。可誰曉得她自己的丈夫有慈禧這麼個大姨子，讓她把小兒子載濤過繼給丈夫的堂兄奕謨為子。孩子是母親的心頭肉，更何況是幼子，逼得劉佳氏心神憂鬱恍惚。沒想到奕謨「貪杯」，有次醉

酒說出了對慈禧誤國專權的不滿，結果讓慈禧一怒之下貶黜，又將載濤轉繼給奕譞的弟弟奕詥，同時又將劉佳氏的第二子載洵過繼給敏郡王奕誌。慈禧是想通過此舉來控制諸王，但拿別人的孩子去送人情，實在是豈有此理！這還不算完，劉佳氏為自己所剩唯一的兒子、小醇親王載灃定了婚事，慈禧又出面干涉，下懿旨將自己的心腹大臣榮祿的女兒許配給載灃。一而再再而三，結果劉佳氏病情加重。

載灃跟榮祿的女兒結婚，婚後生了倆兒子，老大即溥儀。清代後幾朝皇室人氣不濟，但醇王府卻是祥瑞高照，兩世皇帝都出於醇王府。孫子的出生使得劉佳氏內心得到些許安慰，精神剛剛有所恢復，命運又一次降臨。小溥儀剛滿三歲，慈禧竟傳來懿旨，說要將溥儀抱送到皇宮撫養。這對常人可能是天大的好事，但劉佳氏卻再也承受不住，一下子昏死過去，老太太從此精神病經常發作，於五十九歲逝世。

此前實際上慈禧並沒有決定把溥儀立為皇上，促成此事的是奕劻和袁世凱。奕劻是皇室的遠支，乾隆第十七子永璘的孫子，此人善於投機鑽營，阿諛奉承，光緒朝從地位不高的輔國將軍升至親王，八國聯軍攻佔北京，他出面奉旨議和，被慈禧所看重，入軍機處，升為首席軍機大臣，兒子載振作了工部尚書，父子同朝，非常顯赫；袁世凱則因出賣並絞殺維新運動而一路竄升，幾年內由直隸按察使、山東巡撫到直隸總督兼北洋大臣，外務府尚書。在此期間，他買通了奕劻，想借改革軍制加強北洋新軍的實力，讓其成為聽命於自己的袁氏軍隊。

奕劻和袁世凱的舉動引起了慈禧的警覺，這個女人在政治上是很敏感的，於是假借籌備立憲之機，上調袁世凱到軍機處，意在收繳袁的軍權。袁覺察到慈禧的不滿，便主動交出了北洋的軍權。慈禧知道這絕非其本意，而且袁對北洋軍的實際控制能力也不是一下就能解除得了的。這時她得到消息說袁與奕劻策劃要廢掉光緒，擁立奕劻的兒子載振為皇帝。此時光緒已病入膏肓，慈禧也感到了身體不適，她必須及早決斷。於是諭令奕劻去視察東陵工程，將袁世凱的親信段祺瑞所統領的第六鎮北洋軍調離北京，令陸軍部尚書鐵良統轄的第一鎮進京換防。光緒三十四年

（1908 年）十月二十日，光緒病危，慈禧頒發懿旨，授醇親王載灃為攝政王，令將溥儀送進宮中教養。木已成舟，前一天被軍機處召回的奕劻只能仰天長歎。

次日，光緒駕崩，慈禧面諭王公大臣：溥儀「着入承大統為嗣皇帝⋯⋯承繼穆宗毅皇帝為嗣並兼承大行皇帝之祧⋯⋯嗣皇帝尚在沖齡，正宜專心典學，着攝政王載灃為監國，所有軍國大事，悉秉予之訓示裁度施行。」意思是說溥儀承繼的是同治和光緒兩位皇帝的族統，是上天讓他承接龍脈。此時慈禧並未意識到要緊隨光緒而去，當天還在緊張地處置政務，誰知午飯後突然暈倒，她自知情況不妙，趕緊召來隆裕皇太后和載灃做最後的交待，隨之這個統治中國近半個世紀的女人終於離開了人世。

慈禧死後謚孝欽慈禧太后端佑康頤昭豫莊誠壽恭欽獻崇熙配天興聖顯皇后，總共二十五個字，為清代皇后的哀榮之最。

經過半個多月的準備，王公大臣們決定於光緒三十四年（1908 年）十一月九日為溥儀舉行登基大典，年號宣統。儀式在太和殿舉行，這天出奇的寒冷，小溥儀坐在高高的御座上凍得直打哆嗦，根本呆不住。沒辦法，他父親攝政王載灃側身單膝跪在御座下，用雙手扶着溥儀接受王公貴族和文武百官的朝賀。慶典儀式很長，小溥儀實在耐不住了，哭着喊着：「我要回家，我要回家！」載灃也沒見過如此陣勢，急得不知如何是好，只得把小溥儀牢牢地按在御座上，嘴裡不停地說：「別哭了，別哭了，這就完了，這就完了。」

登基大典在小皇帝的哭鬧和攝政王的哄勸聲中終於結束了。溥儀懵然不知地被「抱」上了皇位，是清代歷朝皇帝登基時年齡最小的，也是日後在位時間最短的。他的繼位完全聽命於政治，他日後的人生跟其稱帝很相似，一生都在經受政治的擺佈，始終表現得很幼稚。而他在登基時嚷嚷着「我要回家」，他父親一股勁兒地說「完了，完了」，似乎很應驗，時間不長即證實了。

歷經動盪
成長煩惱

溥儀三歲稱帝，按照人生的階段還處於「哺乳」期，生理和心理都沒有成型。周圍環境一下子發生了如此大的變化，使他應接不暇，對許多事情很不適應。首先是親屬關係，他有自己的父母，有疼愛他的奶奶，可當了皇帝，原來根本不熟悉的女人，成為了他的親「母后」，而他的親生父母卻成為了他的臣民，改叫生父為「王爺」，再也不能跟原來的家人生活在一起，失去了家庭的溫暖和純真的母愛，儼然變成了一個孤兒。

進得宮來，溥儀成了真龍天子，別人再不能呼他的名字，同治、光緒皇帝的后妃及他的祖、父母稱他為「皇帝」，王公大臣、文武百官及後來的師傅稱他「皇上」，太監、宮女和乳母等叫他「萬歲爺」。在宮中，除了兩位先帝的后妃，所有人見了他都要跪倒叩頭，無論是平輩的兄弟還是親族中的長輩，不論是鬢髮皆白的老者還是教他的師傅。他想幹什麼，只要一吭氣，馬上就有人提供最周到的侍奉。

溥儀在這樣一種環境中成長，養成了驕奢、無理、輕信、脆弱的性格。優越的生活使他根本不知世事的艱辛，享受起來理直氣壯；不懂得感恩，不知道珍惜，沒有任何生活自理能力；面對別人對他的尊重甚至頂禮膜拜，妄尊自大，自以為是，居高臨下，頤指氣使；而遇到「坎坷」，心理又相當脆弱，缺乏克服困難的勇氣和能力。

溥儀登基，按照慈禧生前的安排，由載灃監國，遇有重大事情需向隆裕太后請示。然而，這兩個人都不具有慈禧那樣的威望和能力，所以，朝政變得很惰怠，沒有權威性。自宣統元年（1909 年）起，各省紛紛成立諮議局，立憲派表現活躍，以「國民代表」的身份多次進京請願，要求「速開國會，成立責任內閣」，搞得載灃很狼狽。於是，他於宣統三年（1911 年）四月，匆匆成立了以慶親王奕劻為總理大臣的第一屆「責任內閣」，可在十三名閣員中，僅收納了四名漢族官員做點綴，立憲派很失望，提出要捨棄立憲而另尋出路。

載灃看出袁世凱的野心，想要除掉他，以報帝兄被囚瀛台十載之仇。他宣佈自己以監國攝政王身份任全國陸海軍大元帥，讓胞弟載洵、載濤分別擔任海軍大臣和軍咨大臣，但他們根本指揮不動袁世凱統領的北洋軍。於是跟奕劻商量除掉袁世凱的事，奕劻說：「殺了袁世凱，北洋軍造反怎麼辦？」他只得請示太后，結果以袁世凱患有「足疾」為名，讓其回河南老家「養疴」，想以此隔斷袁世凱同奕劻、徐世昌等人的聯繫。

宣統三年（1911 年）八月十九日，革命黨人武昌起義成功，即著名的辛亥革命，南方及西部數省積極回應，革命風暴席捲大半個中國。朝廷派北洋軍精銳南下鎮壓，結果軍隊根本不聽滿族將領指揮，毫無進展。載灃萬般無奈，只得接受奕劻、徐世昌等人的建議，重新起用袁世凱。袁世凱是個為達目的不擇手段的人，在對待維新派的問題上耍了光緒，這次重新出山又把清政府和革命黨人同時玩弄於股掌之中。他先借用革命黨人的力量脅迫清政府授予他軍政大權，爾後又許諾擁護共和，騙取孫中山的信任，做出了只要推翻清朝統治、建立共和，即由他出任中華民國臨時大總統的決定。在此過程中，袁世凱將兩面通吃的手法運用得駕輕就熟、遊刃有餘，一會兒指使北洋軍將領通電南京臨時政府聲明堅決反對共和，一會兒又指使其通電北京朝廷聲稱贊成共和，並以兵諫相威脅，要清廷自動下台。他則作出既忠於朝廷、又不得不順應時局的樣子，規勸攝政王和隆裕太后不要重演類似法國大革命那樣的悲劇，同時承諾「絕不辜負孤兒寡母（即溥儀和隆裕太后）」，並提出了《優待條件》，說清帝退位後，「尊號仍存不廢」，仍暫住紫禁城，以後移居頤和園，新建民國政府負責保護其皇家財產，每年撥四百萬兩白銀供皇室消費等。

隆裕太后及王公大臣們早就亂了手腳，為保住大清皇帝的稱號和自己的身家性命，當然也看中了那四百萬兩補貼，接受了袁世凱的《優待條件》，一九一二年二月十二日，隆裕太后頒發溥儀的退位詔書。次日，袁世凱公開聲明贊成「共和」，孫中山向南京臨時政府參議院提出辭職。十五日，袁世凱接替孫中山當上了中華民國臨時大總統。

溥儀
宣統

溥儀還沒弄明白當皇帝是怎麼回事就匆匆退位了，完全受政治的驅使，這時他只有六歲。但其退位跟中國過去的王朝有所不同，新上台的民國政府很給面子，讓他還住在紫禁城，還用皇帝的稱號，並掏出錢來養他。歷任的民國總統，無論是袁世凱還是黎元洪、徐世昌，在私函和公文中都還稱溥儀為「大清皇帝陛下」，那些清代的遺少遺老、各地的軍閥政客，也都還稱溥儀為皇上，袁世凱私下託人說媒，還要將自己的閨女嫁給溥儀作「皇后」，徐世昌則言必稱「本朝」，說他當總統不過是為幼主「打工」，這就使得溥儀並沒有什麼失落感。

溥儀退位時剛到上學的年齡，攝政王和太后安排他讀書，書房還設在光緒念書的毓慶宮，教授他的有江蘇元、陸潤祥、徐坊、朱益藩等人，其中對他影響很大的是福建人、同治朝進士陳寶琛和曾做過威海衛租借地行政長官、教他英文的外國人莊士敦。溥儀當時少不更事，非常調皮，師傅們又不能對他過於嚴厲，只能哄着他學。每日清晨，溥儀乘着金頂黃轎來到書房，坐在背北朝南的正座上，由太監奉上當日要學的課本，這時師傅進來，要向「學生」行禮後坐在側位上進行教讀。溥儀對師傅所教願意聽就聽，不願聽就跑到庭院中去玩兒，師傅只能停下來，有時實在管不了就放假。

但師傅們畢竟擔負着責任，於是就想辦法，請先帝的后妃們幫忙，在溥儀沒起床時，讓一個太監在窗外高聲誦讀前一日學的課文；起床後太監們服侍溥儀穿衣、洗漱，還有人在一旁朗讀；溥儀去后妃處請安，后妃讓其背誦課文，只要稍微能念下來，就給予誇獎；另外，師傅還安排了幾名伴讀生，當溥儀不守規矩，師傅就教訓伴讀生，用戒尺打手心，以示警告。

溥儀在學習中慢慢長大，逐漸懂得了不少道理。他從師傅及侍從那兒知道了這天下原本是他的，可時勢的變故使他成了只是紫禁城圈內的「皇帝」，而世外已成為了民國的天下。雖然民國總統及吳佩孚、張作霖、陸榮廷等亂世梟雄對他十分恭敬，許諾將來讓他「重登大寶」，可實際上都是無法兌現的空話；眾多遺少遺老時不時地上奏請安，登門觀見，

表示要輔佐他「恢復祖業」，可一旦討了封賞後便杳無音信；1917年，
辮帥張勳率軍衝進紫禁城，打出恢復帝制的大旗，將他重新扶上皇位，
但維繫了僅十二天便宣告破產。

對此，溥儀很鬱悶，內心不斷萌生的自主意識使他要改變現狀，樹立權
威。於是，他開始對身邊的太監「訓示」，動輒打罵，無端挑剔，有時
為檢驗忠心，竟讓太監吃地上的污物。他十二歲那年，奕劻去世，家人
請求賜諡，溥儀聽陳寶琛說就是他斷送了大清的江山，於是寫了「謬」、
「醜」、「幽」等惡諡，載灃見此忙請其改賜，但溥儀堅持不改，後來
有人擬了個「密」字，溥儀以為這也不是個好字，才勉強作罷。隆裕太
后死，光緒時的瑾妃被立為端康皇貴妃，此人即當年被投入井中珍妃的
姐姐，她想模仿慈禧，行為跋扈，對溥儀嚴加管束，試圖把其變成第二
個光緒。溥儀可不買賬，他從陳寶琛那聽得了嫡庶之分的道理，一次，
端康解僱了一位御醫，這本來並沒他的事，但按「萬事皆由宸斷」法則，
他跑去責問端康，指責其太過專擅。

溥儀退位前後皇室開銷巨大，內務府每年的賬目數額最低也要高於慈禧
時的兩倍半，在莊士敦及鄭孝胥等人的支持下，溥儀下令清理皇家財產。
結果事與願違，太監和內務府官員乘機連偷帶拿，為了掩蓋罪狀，有人
竟放火燒了存放珍寶的庫房，最大一場火燒毀珍寶無數，僅從灰燼中揀
出的黃金熔塊就有近兩萬両之多。溥儀感到了問題的嚴重，他不顧父親
及太妃、王公們的反對，毅然整頓內務府，遣散了上千名太監，裁撤了
八百多名官員。

隨着溥儀接觸西方文化，逐漸喜歡上了「洋」東西，本人也開始洋化。
他不再喜歡吃御膳，而願意吃西餐；不願意再穿蟒袍，而願意着西裝；
不願意再坐轎子，而喜歡騎自行車；討厭一天背着長長的辮子，而剪成
了短髮；不再喜歡讓手下人傳令、傳旨，而安裝上了電話；不再喜歡讀
中文典籍，而訂閱報紙、雜誌。他為了騎自行車方便，竟下令將皇宮中
的門檻統統鋸掉；為了尋開心，他不時地打電話要大飯店送幾桌上等飯
菜到一個隨便胡謅出來的地方；出於好奇，他把當時思想新潮的胡適叫

到宮中；他常寫一些小說、散文、詩歌什麼的，化名往各種雜誌上亂投一氣……凡此種種，讓那些王公大臣、教書師傅們感到很無奈，也隱約感到了問題的嚴重性，但又實在沒有好辦法，這個年齡的男孩子是最難管的，更何況是一位皇帝！

更嚴重的問題來了，溥儀居然打算離開紫禁城出洋去留學！受莊士敦的影響，他認為開明的君主必須學習新東西，見大世面，更重要的是要得到西方列強的支持和幫助，而這一切呆在紫禁城裡是永遠得不到的。於是，他長期以賞賜的名義讓其弟溥杰帶走了宮內大批珍寶，打算變賣後作為出國的經費。但他「留洋」的計劃除莊士敦、溥杰外，遭到宮內所有人的反對，在他與莊氏秘密約定準備悄悄溜出紫禁城時，由於走漏了風聲，城中上下一齊出動，載灃採取果斷措施將其「劫持」。此次任憑他怎麼擺出皇帝的架子動怒、發火，眾人決不遷就，因為他們知道如果這個小皇帝一走，現在皇室的全部優惠條件等於自動放棄。

各位長輩及王公大臣們惶恐不安，大家琢磨着怎麼穩住他，於是想到了給他成婚。經過多方協商並最終得到溥儀的「恩准」，后妃的人選確定下來，一九二二年十二月一日，在紫禁城內為溥儀舉行了隆重的大婚典禮。民國總統黎元洪派出大批軍警保駕，以政府名義送了兩萬元賀禮，各方的軍閥、政客也紛紛祝賀、送禮。當時儘管共和已實行了十年有餘，但「皇帝」在社會上還很有影響。溥儀娶了一后一妃，皇后是滿正白旗郭布羅氏榮源的女兒婉容，十七歲；淑妃為滿人額爾德特氏端恭的女兒文秀，十四歲。

充當傀儡
歸於平民

一九二四年十一月五日，溥儀終於離開了紫禁城，但離開的原因並非實現了自由，而是參加第二次直奉大戰的馮玉祥在跟隨吳佩孚進軍山海關

後倒戈，發動「北京政變」，軟禁了賄選總統曹錕，解散了顏惠慶內閣，將已退位的清皇室趕出了紫禁城。至此，十五歲的溥儀終於結束了歷時十二年「大清皇帝」的生涯。

什麼東西失去了才會懂得珍惜。溥儀被趕出紫禁城後住進了載灃居住的「北府」，這時他才體會到紫禁城的一切是多麼珍貴。他當初想逃離紫禁城，覺得呆在裡面不自由，空氣壓抑、沉悶，拼命地想掙脫。遭到馮玉祥軍隊的驅趕，他還覺得挺高興，對派來的代表鹿鍾麟說：「當皇帝並不自由，現在我可得到自由了！」誰能想到他從不自由的紫禁城中出來，等待他的卻是一種更大的不自由。「北府」的四周全是馮玉祥的軍隊，割斷了他與外界的一切聯繫，昔日的王公大臣都不知去向，只有「王爺」載灃陪在身邊。載灃被事變搞得暈了頭，不知所措，整日在房中毫無目的地瞎轉，喃喃自語。溥儀失望至極，見到周圍的環境，看着比自己還慌亂的「王爺」，心煩意亂，坐立不安。

但幾天後情況有了改觀。王公大臣和師傅們相繼見面，接着傳來了使他甚感欣慰的消息：荷、英、日等國駐華公使聯合向民國當局提出抗議，迫使民國外交總長王正廷聲明保證清皇室的生命和財產安全；天津日本駐軍司令捎來口信，為保護「北府」的安全，北京日本軍營將不惜採取「斷然措施」；段祺瑞發出了聲討馮玉祥「逼宮」的通電，並與奉系軍閥張作霖聯手，逼走了馮玉祥，重新組織了臨時政府，出任執政。溥儀似乎覺察到了自己的價值，鬱悶的心情有所改善。

先後聚集到「北府」的王公大臣、遺少遺老們又開始給溥儀獻策，在馮玉祥軍隊撤走並宣佈辭職的次日，溥儀決定以清室內務府名義致函民國當局，抗議馮玉祥「暴行」，要求恢復原有的優待條件；聲明原有「皇莊」地產和皇宮裡的財產都是大清的，沒有公私之分；溥儀向報界表示，他之所以同意出宮，接受馮玉祥對原優待條件的修改，完全是受武力脅迫等等。他信誓旦旦地向王公大臣們表示，一定要「恢復祖業」。但拿什麼去「恢復」呢？他很茫然。

溥儀經過一番權衡，認為當前最重要的還是覓得安全自由的棲息地然後

再徐圖大業，他想立刻離開「北府」，甩掉那些庸碌無為的王公世爵，尤其是擺脫歲銀四萬多兩、遇事毫無辦法的「王爺」。他同陳寶琛、莊士敦、鄭孝胥、羅振玉等幾位師傅秘密策劃，藉口外出查看租用的房子溜進了一所德國的醫院，逼走了「王爺」派來監視的隨員，匆匆地跑進了東交民巷日本使館。

溥儀一行在日本使館裡受到了公使芳澤夫婦的熱情款待，日本使館為他們騰出了一座樓，並在禮堂為溥儀舉行了十九歲的壽典。壽典裝飾得很喜慶，也很熱鬧，來祝壽的有王公世爵、宗教僧侶、民國官員、前清舊臣、教書師傅及國外使節等共有五百多人。雖然在外國使館過生日讓溥儀感到有些悲傷，但見到如此熱鬧的場面和眾多來客又使他重新燃起了希望。他暗自發誓，一定要「恢復祖業」，他懷念那種高高在上、居高臨下的感覺。

生日過後，溥儀征得日本使館的同意，或者說由日本人安排，秘密來到天津，住進了清末駐武昌第八鎮統制張彪早年在這裡做遊藝場的「張園」，掛起了「清室駐津辦事處」的招牌。此園佔地二十餘畝，處在日本租界。原紫禁城的一干人馬又聚集到這兒，熱熱鬧鬧地討論起了「恢復祖業」的大計，那場景讓人看了覺得很滑稽也很可憐。但溥儀似乎很有信心，近來外界對他的態度使他倍感振奮，但這時他涉世不深、幼稚輕信的弱點便暴露出來。

溥儀痛定思痛，想到民國六年（1917年）張勳擁他重登帝位又旋即下台，此次被逐出宮來都與軍閥混戰有關。儘管那些武夫大都殘暴寡義，但沒有他們的扶助要想「重登大寶」是絕無可能的。於是他想盡辦法接觸有勢力的軍閥，見過張作霖、張宗昌、段祺瑞、張學良、褚玉璞、李景林等人，並規定軍閥上門不用再行叩頭禮，改為握手致意。

在結交武夫的同時溥儀還聯繫「友邦」，他知道要「恢復祖業」，沒有列強的支持是不行的。他以「皇帝」的身份經常參加日本駐津部隊閱兵式，跟各國領事及駐軍官員頻繁往來，接見過英國王子，並通過英國王子和意大利領館與兩國的國王互贈簽名照片，派鄭孝胥到日本活動，催

用奧國流亡貴族到歐洲遊說等。

溥儀對此抱着極大的希望，同時也投入了數額不菲的錢財，但一連串事變使他很傷心：張宗昌兵敗灤河，潰不成軍；張作霖被日本人炸死，張學良易幟青天白日旗；與國民黨合作北伐的「赤黨」（指共產黨）雖經蔣介石清剿仍無處不在；原奉系軍人、被蔣介石收編的四十一軍軍長孫殿英「東陵盜寶」，挖了他們家的祖墳……這一切使他深受打擊，他非常悲憤甚至絕望。但是，一直「保護」他的日本人則不時地暗示他要「多加珍重」，中國的「前途」繫之於他，派往日本的鄭孝胥、溥杰、潤麒，去東北活動的羅振玉也先後帶來消息，說日本政府特別是軍界，隨時準備支持他「重登大寶」，這又使他很受鼓舞，充滿希望。

一九三一年「九一八事變」爆發，日本人佔領東三省，他們決定要溥儀去東北建立以他為首的「新國家」。在天津棲居了七年的溥儀認為朝思暮想「恢復祖業」的時機已經到來，於是，不顧身邊除鄭孝胥之外幾乎所有遺老和近臣的反對，不顧愛新覺羅家族有人讓他不要做歷史上石敬瑭的勸說，甚至不顧蔣介石派人來關於可以恢復民國初年的優待條件、由他任選紫禁城、上海及國外居住的承諾，毅然決定「北幸」。此舉他違拗了家族的意旨，同時也背叛了自己的國家。十一月十日，他在日本軍警特務的「保護」下，悄然離開天津的日本租界，前往東北。

輪船在營口登陸，溥儀並沒有見到所想像的東北百姓「恭迎大清皇帝聖駕」的場面，甚至沒有見到一個中國人。日本人並沒有按約把他送到瀋陽，而是將其秘密轉移至旅順一家日本人開的小旅館，隨即將他嚴密「保護」起來，除一起前來的鄭孝胥父子和先期到東北聯絡關東軍的羅振玉，不能見任何中國人。至於問起要建立的「新國家」，日本人的回答竟是正在研究！經過了三個月的「研究」，日方給出答覆：在東北建立「滿洲國」，暫行「共和制」，國都「新京」，設於長春，「國家元首」稱執政，由溥儀出任。

一九三二年二月二十三日，關東軍高級參謀板垣征四郎到旅順向溥儀轉達了日本政府的決定。溥儀聽說讓他當「執政」，不由得火冒三丈，心

想日本人的決定不等於斷絕了大清帝國的統系嗎？所以，當即表示拒絕。他覺得日本人會讓步，誰知板垣臉一板，說你不出任就是對日本國的不敬，如果不收回，關東軍將採取敵對措施！並當面稱溥儀「閣下」。誰都知道皇帝稱「陛下」，這是故意給溥儀難堪。溥儀想說什麼，鄭孝胥父子出面勸解。溥儀像兜頭被澆了一盆涼水，但毫無辦法，只得答應暫任執政一年，屆時如不「重登大寶」，即行引退。這也算自己給自己留了點兒面子。

三月九日，溥儀正式出任「滿洲國」執政，跟日本人串通一氣的鄭孝胥做了「國務總理大臣」。儘管「執政」這個頭銜讓溥儀感到很難堪，但他還挺躊躇滿志，決心遵照祖訓，「敬天法祖，勤政愛民」，不辭艱辛，為將來的「宏舉」奠定基礎。為此，他把「執政府」的辦公樓命名為「勤民樓」，每天早早起床，進樓辦公。可時間不長他便發現，自己所能辦的只就是在鄭孝胥送來的各類檔上簽字，剩下的時間只能跟各部的「總長」們聊聊天，「軍國大事」都由日本人擔任的各部「次長」們決定。而各部及各省的大小官員都由日本人提名，他只不過是宣佈一下而已。但溥儀還是沒有灰心，他期待著一年以後，看來他還真是幼稚。

任「執政」期間，溥儀與日本簽署了人家早就擬定好的《日滿議定書》，出賣了大量國家主權，並向國聯調查團表明，他「是由於滿洲民眾的推戴才來到滿洲的」，他的國家「完全是自願自主的」。此時，溥儀已經沒有民族氣節和風骨可言。對此，日本人很滿意，為了更好地利用他，決定給予他回報，滿足他重當皇帝的慾望。

一九三四年三月一日，溥儀當上了「滿洲國皇帝」，年號「康得」。這連同張勳擁他復辟那十二天已是第三次登基了，但這次登基卻讓他怎麼也高興不起來，甚至覺得特別窩囊。日本人通知他在登基大典上不能穿清朝皇帝的龍袍，而要穿「滿洲國陸海軍大元帥正裝」，因為「滿洲國」並不是清帝國的復活，而是日本人用鮮血和生命創立的新國家！皇帝登基如果不穿龍袍成何體統？但日本人的話敢不聽嗎？不管怎麼說畢竟有了皇帝的尊號，先依了人家，別的再慢慢爭取。還好，日本人讓他可以

先穿龍袍去祭天，然後再着「大元帥正裝」舉行大典，溥儀默默禱告，祈求上天和祖宗能體諒他的苦衷。

溥儀當上皇帝後還真獲得了不少心理上的滿足。日本人開始重新稱呼他為「皇帝陛下」，在公開場合像對自己的天皇一樣恭敬他，規定「滿洲國」所有的機關、學校、部隊及各種公眾團體都要供奉他的「御真影」，即照片，並按時定點地要鞠躬行禮。關東軍每年給他安排幾次「御臨幸」和「狩獵」，即到各地視察和遊玩。每次外出都有大批全副武裝的軍警開道，有「滿洲國員警總監」乘坐的紅色敞篷車引導，繼之是他乘的全紅色「御車」，車兩邊有摩托車保駕，後面是警衛和隨從。更讓他「風光」的是一九三五年四月關東軍為他安排的訪日之行，龐大的護航、迎送艦隊，裕仁天皇親自到車站迎接，檢閱日本海陸軍儀仗隊，日本皇室隆重的禮遇和日本國民的歡迎，令他心曠神怡，熱血沸騰。「回鑾」後他立即召集「國府」的各級滿日官員發表訪日觀感，大談滿日親善，甚至忘乎所以地把他與日本天皇相提並論，說無論滿洲人還是日本人，「如果有不忠於滿洲皇帝的，就是不忠於日本天皇，有不忠於日本天皇的，也就是不忠於滿洲國皇帝。」

但溥儀的這種感覺並沒有維持多久，很快就從情致的高峰跌入到谷底。「國務總理大臣」鄭孝胥以為改行帝制是「後清」的開始，什麼事不用再去請示日本人，碰了幾次壁後在背後發了幾句牢騷，竟讓日方以「倦勤思退」為由撤掉。之後，興安省省長凌升在省長聯席會議上說了句日本人雖口頭上承認「滿洲國」是獨立國家，但卻是他們說了算，散會後即遭逮捕，結果掉了腦袋。日本人再次「提醒」溥儀，「滿洲國」絕不是「大清國」的復活，絕對不能再與關內遺老遺少圖謀復辟大清。此後，關東軍在「宮內府」（改行帝制後「執政府」的改稱）增設了憲兵室，嚴格監視進出人員，檢查來往信件，並蓄意製造事端。他們將溥儀訓練的護軍全部繳械拘留，經溥儀道歉後才選了部分進行改編，交由日本軍官「代為訓練」，其餘的則以「肇事禍首」為名「驅逐出境」。

至此，溥儀算是徹底明白他這個皇帝是怎麼回事了，可日本人還不放過

他，又幹了兩件讓他簡直鬱悶到極點的事，一是給他弟弟溥杰娶了個日本媳婦，二是拋出了所謂的「帝位繼承法」。溥儀在紫禁城大婚時娶了皇后婉容和淑妃文秀，婚後溥儀跟兩人的感情都不好，在天津的最後一年，文秀因不堪忍受這種不正常的婚姻和婉容的排擠，冒天下之大不韙毅然離婚；而在此前婉容又不甘寂寞製造了令溥儀非常難堪的「內廷穢聞」。到一九三七年，年至而立的溥儀仍然無子，於是又娶了北京十七歲的滿族中學生譚玉齡，封為祥貴人，想讓上蒼降一子嗣，以繼承皇統。可這時日本人說，如果有了皇子五歲便要送到日本去讀書，同時給在日本的溥杰找了一個叫嵯峨浩的日本侯爵女兒成了親。不久，日本關東軍責令「滿洲國務院」出台了「帝王繼承法」，規定「滿洲國」皇位依次由皇帝的子孫、如無子孫由弟、如無弟則由弟之子繼承，說到底就是想讓一個有日本血統的後代繼承皇位。此前日本人曾勸溥儀找一個日本姑娘做老婆，但被溥儀以語言不通、風俗習慣不同婉言拒絕了，在他看來，皇室血統的純正是至關重要的。

至此，溥儀已顧不上什麼「恢復祖業」和「重登大寶」，他整天戰戰兢兢，看着日本人的眼色行事，生怕有什麼過失。從一九四〇年起，他不敢再祭祀自己的祖先，而將日本神道裡所稱的日本天皇祖先「天照大神」迎至長春，進行供奉。這時他心理上已經全面崩潰，他想起了在天津臨行時愛新覺羅家族對他的勸說，「兒皇帝」正是他當前窘況的寫照，也是其心情的描述。為了排解，他整日燒香念佛，打卦問卜，祈求神靈保佑。一九四二年，祥貴人死，他又娶了十五歲的中學生李玉琴，封為福貴人。

溥儀一直到一九四五年「八一五」日本投降，「皇冠」才最後跌落。這對他來講真不知道是一種災難還是一種解脫。他在隨關東軍要人準備乘飛機逃往日本時被蘇聯紅軍俘獲，因為是二戰的重要戰犯，他被押往蘇聯。在蘇聯他呆了五年，一九五〇年七月，他及偽「滿洲國」的其他戰犯被移交給了中國政府，在撫順戰犯管理所開始了他為期九年的鐵窗改造生活。因為皇帝的身份，他得到了政府的不少關照，新中國是強調思想教育的國家，將一個封建皇帝改造成為社會公民，具有着非同尋常的意義。可作為一生都靠別人伺候的皇帝，進監獄進行改造，不啻為天塌

下來一般，但人只有享不了的福，沒有吃不了的苦，幾年下來溥儀不說脫胎換骨，起碼從精神到肉體都有了一定改進和提高。

一九五九年溥儀特赦出獄，回到了闊別三十五年的北京。他受邀遊覽名勝古蹟，會見愛新覺羅家族的成員，毛澤東還設家宴接見了他。國家給他安排了工作，先是在中科院植物研究所，後到全國政協文史資料研究委員會，負責整理清末及北洋政府時代的資料。閒暇之餘，他寫了自傳《我的前半生》。經各方人士幫忙，他與北京關廂醫院的女護士李淑賢結了婚，溥儀生活得安適、平和、幸福。

一九六七年十月十七日，溥儀病逝於北京。當時正值「文化大革命」時期，周恩來總理特別批示：「溥儀遺體可以火化，也可以埋葬。根據家屬意見，可以選擇在革命公墓、萬安公墓和另一處墓地的任何一個地方安葬或寄存骨灰。」愛新覺羅家族的主要成員討論，決定將其遺體火化，骨灰寄存於八寶山人民骨灰堂。「文革」結束，於一九八〇年五月二十九日為其舉行了隆重的追悼會，將其骨灰移至八寶山安放已故領導人及為國家做出卓越貢獻人士的靈堂，之後，又移葬至保定易縣清西陵的華龍皇家陵園。

清代卷

皇帝也是人

范捷 著

責任編輯　王冠良
　　　　　張俊峰
書籍設計　黃沛盈
協　　力　寧礎鋒

出　　版　三聯書店（香港）有限公司
　　　　　香港北角英皇道四九九號北角工業大廈二十樓
　　　　　Joint Publishing（Hong Kong）Co., Ltd.
　　　　　20/F., North Point Industrial Building,
　　　　　499 King's Road, North Point, Hong Kong
香港發行　香港聯合書刊物流有限公司
　　　　　香港新界大埔汀麗路三十六號三字樓
印　　刷　中華商務彩色印刷有限公司
　　　　　香港新界大埔汀麗路三十六號十四字樓
版　　次　二〇一一年三月香港第一版第一次印刷
　　　　　二〇一九年四月香港第一版第二次印刷
規　　格　十六開（165mm×260mm）一七六面
國際書號　ISBN 978-962-04-3075-6

本書原由紫禁城出版社以書名《皇帝也是人—— 富有個性的紫禁城主人（清代卷）》
出版，經原出版社授權本公司在港台及海外地區以中文繁體出版發行本著作。

三聯書店
http://jointpublishing.com

JPBooks.Plus
http://jpbooks.plus